WESTEND

*Harro Honolka*, Sozialwissenschaftler mit Forschungs- und Lehrerfahrung auf dem Gebiet der politischen Soziologie, Autor zahlreicher Bücher, engagiert sich bei Attac München und hat viele der beschriebenen Aktionen selbst praktiziert.

Harro Honolka

# JETZT REICHT'S!

## 50 Anleitungen zum Bürgerprotest – Was jeder gegen Missstände tun kann

WESTEND

Mehr über unsere Autoren und Bücher:
www.westendverlag.de

Die Deutsche Nationalbibliothek verzeichnet diese Publikation in
der Deutschen Nationalbibliografie; detaillierte bibliografische Daten
sind im Internet über http://dnb.d-nb.de abrufbar.

Das Werk einschließlich aller seiner Teile ist urheberrechtlich geschützt.
Jede Verwertung ist ohne Zustimmung des Verlags unzulässig.
Das gilt insbesondere für Vervielfältigungen, Übersetzungen,
Mikroverfilmungen und die Einspeicherung und Verarbeitung in
elektronischen Systemen.

2. Auflage 2014

ISBN 978-3-86489-050-5
© Westend Verlag GmbH, Frankfurt/Main 2013
Satz: Publikations Atelier, Dreieich
Druck und Bindung: CPI books GmbH, Leck
Printed in Germany

# Inhalt

| | |
|---|---|
| Vorwort | 9 |
| 1 Was tun gegen öffentliche Missstände? Das Konzept alltäglicher »bürgerlicher« Bürgerproteste | 11 |
| 2 Wie können alltägliche Protestaktionen politisch wirken? | 19 |
| 3 Einige problematische Aspekte von Bürgerprotesten | 26 |
| 4 Zehn Argumente für Bürgerproteste | 46 |
| 5 Checkliste für eine verantwortungsvolle und erfolgreiche Protestaktion | 56 |
| 6 Anleitungen zu 50 Aktionen des Bürgerprotests | 58 |
| Aktion 1: Zum Aufwärmen: Wechseln Sie zu einem nachhaltigen Stromanbieter! | 60 |
| Aktion 2: Per Mausklick demonstrieren: Onlineproteste unterschreiben | 62 |
| Aktion 3: Verwischen Sie Ihre Surfspuren beim Googeln | 66 |
| Aktion 4: Nutzen Sie ausgiebig Beschwerdemöglichkeiten | 70 |
| Aktion 5: Durch Petitionen ein bisschen mitregieren | 74 |
| Aktion 6: Nerven Sie datensammelwütige Firmen durch Selbstauskünfte | 76 |

Aktion 7: Treten Sie NGOs wie Attac oder
Greenpeace bei oder spenden Sie an sie 78
Aktion 8: Heikle Behördengänge nur mit
Begleitschutz! 81
Aktion 9: Bei Mietproblemen im Haus: Laden Sie
andere Mieter zum Kaffee ein 83
Aktion 10: In sozialen Netzwerken mitdiskutieren 85
Aktion 11: Melden Sie irreführende Produktangaben
an Lebensmittelklarheit.de 87
Aktion 12: Machen Sie von Ihren Auskunftsrechten
bei Behörden ausgiebig Gebrauch 90
Aktion 13: Wehren Sie sich mit Ombudsmännern
und -frauen gegen Ungerechtigkeiten 94
Aktion 14: Konsumentenmacht: Nichts von verantwortungslosen Firmen kaufen! 96
Aktion 15: Dämmen Sie die Werbeflut wenigstens
zu Hause ein 101
Aktion 16: Das T-Shirt als politisches Statement 104
Aktion 17: Schicken Sie's zurück! Firmen, die es
verdienen, mit Retouren abstrafen 106
Aktion 18: Abgeordneten sagen, was Sache ist 109
Aktion 19: Per Aufkleber protestieren 112
Aktion 20: Demnächst im Supermarkt: Einkaufskorb
mit unfair hergestellten Waren stehenlassen 114
Aktion 21: Veröffentlichen Sie Ihren Protest in
Leserbriefen 116
Aktion 22: Demonstrieren ist gesund 119
Aktion 23: Konto kündigen und zu einer verantwortungsvollen Bank wechseln 123
Aktion 24: Zahlen Sie mit Regionalgeld 126
Aktion 25: Konsumieren ohne zu kaufen: tauschen,
leihen oder gemeinsam nutzen 129
Aktion 26: Im Alltag Flagge zeigen 132

Aktion 27: Starten Sie Ihre eigene Kampagne im
Internet   135
Aktion 28: Kein Kita-Platz? Nicht jammern – klagen!   137
Aktion 29: Whistleblowing: betriebliche
Missstände ans Licht bringen   141
Aktion 30: Hartz-IV-Eingliederungsvereinbarung
nicht oder nur unter Vorbehalt unterschreiben   146
Aktion 31: Aktion Hundehaufen   150
Aktion 32: Protestieren Sie mit Filzstift oder
Spraydose   152
Aktion 33: Unterschriften sammeln   155
Aktion 34: Lassen Sie sich auf der Bank ausführlich
über eine fiktive Erbschaft beraten   159
Aktion 35: Adbusting: Plakate umfunktionieren   163
Aktion 36: Spritfressern den Spaß verderben   166
Aktion 37: Mit Denkmälern und Ortstafeln zum
Nachdenken anregen   169
Aktion 38: Fairtrade-Einkauf in Firmenkantinen,
Kindergärten oder Schulen einführen   172
Aktion 39: Mahnwachen und Ein-Mann-/
Ein-Frau-Demos   173
Aktion 40: Schlagen Sie Ihren Protest wie
Martin Luther an   176
Aktion 41: Mit Flugblättern gezielt und persönlich
informieren   180
Aktion 42: Kleinaktie kaufen und auf Haupt-
versammlungen gehen   183
Aktion 43: Vorbildliche Geschäfte mit einem
Carrotmob belohnen!   186
Aktion 44: Einen Smart Mob organisieren   189
Aktion 45: Luxussanierungen? Nein danke!   192
Aktion 46: Stellen Sie Ihr Depot auf ethische
Anlagen um   197

Aktion 47: Guerilla Gardening gegen hässliche
   öffentliche Räume! 201
Aktion 48: Sitzblockaden gegen Zwangsräumungen
   in der Nachbarschaft 203
Aktion 49: Wenn eine Schließung droht:
   Jugendtreffs, Seniorenklubs, Schwimmbäder
   oder Büchereien besetzen 208
Aktion 50: Die Krönung des Bürgerprotests:
   eine Bürgerinitiative gründen 213
Sonderaktion 1: Teilen Sie auf www.anleitungen-
   buergerproteste.de Aktionserfahrungen mit und
   erfinden Sie neue Aktionen! 217
Sonderaktion 2: Dieses Buch im Freundes- und
   Bekanntenkreis verschenken! 218

Anhang 219

1 Kommentierte Informationsquellen und
   Organisationen des Bürgerprotests 219
2 Kommentierte Literatur 226
3 Musterbriefe 230

# Vorwort

Ein Buch ist ein Druckerzeugnis und als solches mit bestimmten Vor- und Nachteilen behaftet. Zu den Nachteilen gehört, dass es sich, wenn es erst einmal gedruckt ist, frühestens in der nächsten Auflage überarbeiten lässt. Inzwischen können sich aber die beschriebenen Verhältnisse verändert haben. Die Adressaten von Bürgerprotesten – Regierungen, Politiker, Unternehmen, Behörden – haben auf Protestaktionen möglicherweise reagiert, so dass die beanstandeten Missstände unter Umständen nicht mehr existieren. Oder es wurden neue Gesetze verabschiedet, die die Aktionsmöglichkeiten von Protesten einschränken – oder sie vielleicht sogar erweitern. Vielleicht hat sich auch die politische Großwetterlage verändert. Veränderungen können auch auf Seiten der Bürgerproteste stattfinden, etwa wenn die Akteure Erfahrungen mit den in diesem Buch vorgestellten Aktionen gemacht haben und Verbesserungsvorschläge entwickeln. Vielleicht – hoffentlich! – werden ihnen auch neue Aktionsideen einfallen.

Diese Dynamik von Theorie und Praxis – sprich von Buch und Bürgerprotest – soll mithilfe des Internets berücksichtigt werden. Parallel zur Printversion des Buches wird eine Webseite mit einer E-Book-Version eingerichtet (www.anleitungen-buergerproteste.de), auf der die Leserinnen und Leser ihre Erfahrungen, Verbesserungsvorschläge und neuen Ideen zur Diskussion stellen können. Diese fließen nach redaktioneller

Bearbeitung durch den Autor in die regelmäßig aktualisierte E-Book-Version des Buches ein, die für alle abrufbar ist. Das Buch kann mithilfe seiner Leserinnen und Leser und ihrer Aktionen wachsen!

Niemand bringt ein Buch allein zuwege. Ich hatte Ideengeber, Berater, Gegenleser, Kritiker und praktische Helfer, deren Namen nicht auf dem Buchumschlag stehen. Danken möchte ich vor allem Jörn Alexander von der Tageszeitung *taz*, der das Manuskript akribisch gelesen und verbessert, mich vor vielen Fehlern bewahrt und zahlreiche Anregungen gegeben hat. Dank gilt auch Dorothea Baur für geduldiges und kritisches Gegenlesen. Ferner dem Rechtsanwalt Thomas Rieger, der die juristisch relevanten Passagen überwacht und recherchiert hat.

Ein Buch kommt nicht ohne andere Bücher zustande. Im Anhang ist daher die Literatur aufgelistet, der ich Ideen und Fakten entnommen habe. Auf Quellenangaben in Form von Fußnoten habe ich verzichtet, da es sich nicht um ein wissenschaftliches Werk handelt. »Copy und Paste« hat wissentlich nicht stattgefunden – aber man weiß ja nie, was man unterbewusst so alles übernommen hat … Nicht unerwähnt soll bleiben, dass einige Personen die Recherchen behindert haben. Namen möchte ich nicht nennen.

Den Gewinn aus dem Buchprojekt werde ich Organisationen zukommen lassen, die in Deutschland Bürgerproteste unterstützen.

München im Juni 2013
*Harro Honolka*

# 1 Was tun gegen öffentliche Missstände? Das Konzept alltäglicher »bürgerlicher« Bürgerproteste

Sie lesen beispielsweise, dass die Deutsche Bank ihr Investitionsgeschäft ausbaut, in dem Bereich wieder große Gewinne macht und Riesenboni an spekulierende Banker auszahlt. Sie erinnern sich daran, wie Politiker von links bis rechts versprochen hatten, die Spekulation der Banken zu begrenzen, damit nie, nie wieder die Steuerzahler für Verluste aufkommen müssen. Kennen Sie das Gefühl der Ohnmacht, das dann aufsteigt, und – je nach charakterlicher Veranlagung – das Gefühl des Ärgers oder gar der Wut?

Jetzt gibt es drei Möglichkeiten der Fortsetzung. Sie sagen: »Da kann man nichts machen«, schlucken Ihren Ärger hinunter und schaden damit Ihrer Gesundheit. Oder Sie schwören: »Beim nächsten Wahltag ist Zahltag«, ahnen aber, dass sich wie schon nach der letzten Wahl nicht viel ändern wird. Die dritte Möglichkeit: Sie tun etwas. Das kann eine kleine Aktion sein wie das Unterschreiben eines Protestaufrufs gegen die zögerliche Bankenregulierung. Oder, etwas aufwendiger, die Kündigung Ihres Bankkontos bei der Deutschen Bank. Oder Sie gehen auf eine Demonstration von Attac oder den Gewerkschaften gegen das andauernde verantwortungslose Treiben auf den Finanzmärkten.

Meinungsumfragen zufolge ist eine Mehrheit der Deutschen bereit, gegen Missstände zu protestieren (vergleiche Seite 27 f.). Das Buch möchte diese Bereitschaft beim Wort nehmen. In ihm werden die vielen kleinen Möglichkeiten beschrieben, die jeder täglich hat, um etwas gegen die verschiedenen Missstände in unserem Land zu tun. Suchen Sie sich diejenigen Aktionen heraus, die Ihren politischen Prioritäten entsprechen, und setzen Sie zuerst eine der einfacheren (sie stehen zu Anfang) in die Tat um! »Man-müsste-mal … « – eine Haltung, die gegenwärtig in Deutschland noch verbreitet ist – gilt für Sie dann nicht mehr!

Anlässe zum Handeln gibt es viele und immer neue: Die Einrichtung der versprochenen Kindertagesstätte wird verschoben. Oder es kommt ein seit langem integrierter Asylbewerber in Abschiebehaft. Sie hören, dass ein bekanntes Unternehmen Riesengewinne einfährt und gleichzeitig Stammarbeiter durch Leiharbeiter und Werkvertragler ersetzt, die auf Steuerzahlers Kosten aufgestockt werden müssen. Oder dass eine Markenfirma nach wie vor T-Shirts verkauft, die unter Hungerlöhnen hergestellt wurden. Die Regierung erlaubt den Export von Panzern in einen Unterdrückerstaat. In Ihrem Stadtviertel sollen Bäume wegen des Baus einer Tiefgarage gefällt werden. Es wird ein Gesetz vorbereitet, das den Datenschutz aushebelt. Oder es werden preiswerte Genossenschaftswohnungen an einen privaten Investor verkauft, der nun luxussaniert. Vielleicht halten Sie auch die ganze Richtung, in die sich unsere Gesellschaft bewegt, für bedrohlich.

Mit Protestaktionen setzen Sie die für die Missstände Verantwortlichen unter Druck: Regierungen, einzelne Politiker, Behörden, Unternehmen, Medien, Organisationen, eventuell auch einzelne ihrer Vertreter. Viele Aktionen, die in diesem Buch beschrieben werden, richten sich gegen globale Konzerne, die nach der neoliberalen Entfesselung der Märkte unter besonderes genauer Beobachtung stehen. Sie besitzen heute oft ein größeres Budget und damit mehr Gestaltungsmacht als Staaten. Die Politik ist gleichwohl nicht aus ihrer

Verantwortung entlassen. Zahlreiche Aktionen haben Regierungen, Politiker oder Behörden im Visier, um sie dazu zu bringen, endlich zu handeln und beanstandete Missstände abzuschaffen.

Bürgerprotest schließt nicht aus, dass Sie zur Wahl gehen und Ihre Stimme Politikern geben, die in Ihrem Sinne tätig werden. Bestenfalls ergänzen sich Bürgerprotest und Politik. Global aufgestellte Konzerne, allen voran Banken und Hedgefonds, setzen heute über ihre Lobby politische Entscheidungen durch, die den Politikern selbst und ihren Wählern als »alternativlos« erscheinen. Die vergangenen Jahre der Bankenkrise lieferten dafür fast täglich Anschauungsmaterial. Hier sollte die Zivilgesellschaft mit ihren Aktionen zum Zuge kommen. Sie übt Druck auf Konzerne und Regierungen aus, informiert die Öffentlichkeit und ermutigt Politiker, Alternativen zu verfolgen.

Ein Erfolgsbeispiel ist die seit über zehn Jahren von Attac geforderte, inzwischen vor der – möglicherweise verwässerten – Einführung stehende Finanztransaktionssteuer. Bürgerproteste bekommen damit staatstragende Funktionen: Sie helfen, den Primat der Politik wiederherzustellen. In der Tat rufen Politiker, wenn sie nicht mehr weiter wissen, gern nach der Zivilgesellschaft. Als die skandalöse (aber überwiegend gesetzeskonforme!) Behandlung von Mitarbeitern des Onlinehändlers Amazon bekannt wurde, haben Politiker aller Parteien implizit oder explizit dazu aufgerufen, dort nicht einzukaufen, solange diese Zustände herrschen. Oft sind Politiker über heftige zivilgesellschaftliche Proteste gar nicht unglücklich, weil diese ihnen den Rücken gegenüber Lobbyisten oder auch gegen Fraktionszwänge stärken.

Die Ursache vieler Missstände ist globaler Natur. Deswegen muss Protest global orientiert und informiert sein, selbst wenn Sie nur lokal handeln. Global ausgerichtete Proteste können Regierungen dazu bringen, schneller aus militärischen Abenteuern auszusteigen. Sie können Konzerne veranlassen, ihre Beschäftigten in Niedriglohnländern besser zu bezahlen. Für Oppositionelle in Diktaturen ist der weltweite Protest oft die einzige Lebensversicherung.

Die Macht der Zivilgesellschaft beruht auch auf der Arbeit von Organisationen. Dazu zählen sogenannte Non-Governmental Organizations (NGOs/deutsch: Nichtregierungsorganisationen) wie Attac, Greenpeace, Amnesty International, LobbyControl und viele andere), aber auch Bürgerinitiativen oder internetorganisierte Gruppen. Sie koordinieren und verstetigen die Bürgerproteste, und ohne ihre Recherchen wäre der einzelne Protestierende blind. Nicht alle haben die Zeit, fest in solchen Organisationen mitzuarbeiten. In individualisierten Gesellschaften ist die Bereitschaft dazu nicht sehr hoch. Auch wenn man nur als Einzelperson aktiv wird: Die zunehmende Einübung von Bürgerprotesten stärkt sowohl die Zivilgesellschaft als auch deren Organisationen. Attac & Co. finden in Politik und Medien umso mehr Gehör, je mehr befürchtet wird, dass sie rasch viele protestbereite Bürger mobilisieren können. Und schließlich: Wer erst einmal für sich Protestaktionen durchgeführt hat, wird danach eher bereit sein, sich auch in zivilgesellschaftlichen Organisationen zu engagieren. Nur zusammen sind individueller und organisierter Bürgerprotest stark!

In diesem Buch möchte ich praktische Anleitungen geben, wie jeder »seinen« kleinen Protest realisieren kann gemäß seinen politischen Prioritäten, seinen Fähigkeiten und seiner Risikobereitschaft. Die Blickwendung hin zum »kleinen«, individuellen Protest findet auch anderswo statt, beispielsweise in Spanien. Dort begann der Widerstand gegen die zahlreichen Zwangsräumungen von Wohnungen im Zuge der Immobilien-Banken-Krise zunächst in Form von spektakulären Massendemonstrationen, die nicht die erhoffte Wirkung zeitigten. Inzwischen verlagert er sich hin zu individuellen Protestaktionen: Feuerwehrleute weigern sich, Menschen aus einer von der Bank kassierten Wohnung zu holen; empörte Bürger brandmarken öffentlich Abgeordnete vor ihren Privathäusern (»escrache«); Gerichte werden mit Protestschreiben gegen Zwangsräumungen überschwemmt.

Auch in Deutschland sollte das klassische Protestrepertoire durch neue Formen des Bürgerprotests angereichert werden! Die in diesem Buch beschriebenen Aktionen bilden nur einen Anfang. Sie müssen erprobt werden, und dabei werden viele weitere neue Aktionsideen entstehen – sie können auf www.anleitungen-buergerproteste.de zur Diskussion gestellt werden.

Mit den meisten in diesem Buch beschriebenen Aktionen werden keine Gesetze oder Vorschriften übertreten. Viele sind im politischen System sogar vorgesehen: beispielsweise eine Petition an den Bundestag unterschreiben, sich an einen Ombudsmann wenden oder Verpackungsschwindel in offiziellen Internetforen melden. Legal bleiben Sie auch bei einer Teilnahme an einer angemeldeten Demonstration, selbst wenn Sie zu einem Kaufboykott gegen eine verantwortungslose Firma aufrufen, die deshalb einen Absatzrückgang zu beklagen hat. Bei einigen Aktionen nutzen Sie Gesetze oder Gesetzeslücken aus, beispielsweise wenn Sie die Produkte einer unverantwortlich wirtschaftenden Firma wieder zurücksenden oder wenn Sie Auskunfts- oder Beschwerderechte intensiv in Anspruch nehmen.

In einigen der beschriebenen Aktionen wird eine begrenzte Übertretung von Gesetzen bewusst in Kauf genommen. Sie nehmen dann an einer Aktion des »zivilen Ungehorsams« teil. Bei einer Sitzblockade vor der Botschaft eines

Unterdrückerstaates sind die Verkehrsstörung und die Nötigung von Personal und Besuchern beabsichtigt. Die Protestierenden nehmen mit ihrer Gesetzesübertretung ein persönliches Risiko auf sich und unterstreichen dadurch, wie wichtig ihnen ihr Anliegen ist. Dadurch können sie mit größerer öffentlicher Aufmerksamkeit rechnen und bei Repressionen mit Publicity und Solidarität. Die begangene Gesetzesverletzung muss allerdings in einem vertretbaren Verhältnis zum bekämpften Missstand stehen. Die meisten Bürgerinnen und Bürger akzeptieren körperliche Gewalt gegen Menschen nur in Ausnahmefällen. Schon das Untergraben (»Schottern«) von Bahngeleisen zur Verhinderung der Castor-Transporte war wegen der möglichen Gefahren für die Allgemeinheit (Transportsicherheit von radioaktivem Material) umstritten, auch unter den Demonstranten. Die in Deutschland vielleicht besonders ausgeprägte Scheu vor Gesetzesübertretungen – oder sollte man eher von fehlender Zivilcourage sprechen? – könnte freilich schwinden, wenn die Wut über öffentliche Missstände wächst und sich eine Kultur der Bürgerproteste etabliert.

Anlässe, Aktionsformen und Ziele der Aktionen in diesem Buch sind so unterschiedlich, dass sich ein gemeinsamer Begriff schwer findet. Verwendet werden Begriffe wie Bürgerprotest, zivilgesellschaftlicher Widerstand, ziviler Ungehorsam, Gegenmacht, Graswurzelaktionen, Widerstand von unten, direkte Aktion, widerständige Aktionen (um die unangemessene Gleichsetzung mit Widerstand gegen Diktaturen zu vermeiden) oder allgemeiner: Aktionen der Zivilgesellschaft. Ich habe für das Buch den Sammelbegriff »Bürgerprotest« gewählt. Bei den meisten der beschriebenen Aktionen ist der Protestcharakter offenkundig. Bei anderen erschließt er sich erst auf den zweiten Blick. Aktionen wie »Wechseln Sie zu einem nachhaltigen Stromanbieter«, »Konsumieren ohne zu kaufen: tauschen, leihen, gemeinsam nutzen« oder »Stellen Sie Ihr Depot auf ethische Anlagen um« bringen Protest gegen Missstände nur indirekt zum Ausdruck. Ihr Protestcharakter und Veränderungspotential werden deutlicher, wenn man sich vorstellt, dass viele sie ausführen.

Protest, Widerstand, Ungehorsam – diese Begriffe lösen bei vielen Menschen Unbehagen aus, weil man *gegen* etwas ist. Dem haftet etwas Negatives an. Doch das Problem ist oft nur ein verbales: Denn wer gegen Niedriglöhne protestiert, setzt sich in der Regel auch *für* etwas ein, etwa für die Einführung von Mindestlöhnen. Aber sollte man nicht eher etwas Positives tun, beispielsweise an einer Essenstafel mitarbeiten und damit Bedürftigen praktisch helfen, statt gegen Niedriglöhne zu protestieren? Mit einer Essenstafel beseitigt man allerdings nicht die systemischen Ursachen von Armut, trägt vielleicht sogar zu ihrer Aufrechterhaltung bei.

In der rechts- und linksradikalen Szene ist der Begriff »Bürgerprotest« übrigens oft suspekt, weil er sich auf bloßes Protestieren zu beschränken scheint und keine direkten Aktionen gegen die bestehenden Verhältnisse einbezieht, eingeschlossen Sabotage und Gewaltausübung.

Ich verfolge mit dem Buch ein doppeltes Anliegen: Zum einen will ich den Bürgerprotest aus der Ecke des nur Ablehnenden und des Radikalen herausbringen, in der ihn immer noch viele Menschen sehen. Zum anderen ist es meine Absicht, ihn vor einem Abgleiten in nicht legitimierbare Gewalthandlungen zu bewahren. Ich schlage vergleichsweise unspektakuläre, kleine Aktionen eines »bürgerlichen« Bürgerprotests vor, die viele Menschen täglich ausführen können und die sie nicht überfordern. Der Aktionskatalog präsentiert daher zu Beginn eine Reihe einfacher Aktionen, die wenig Aufwand, Mut und Risikobereitschaft erfordern. »Bürgerlich« ist an den beschriebenen Aktionen des Bürgerprotests, dass sie verantwortungsbewusst durchgeführt werden. Ihre politischen Wirkungen (einschließlich der involvierten Risiken und Nebenwirkungen!) müssen abschätzbar sein und in einem gerechtfertigten Verhältnis zu dem Missstand stehen, gegen den man vorgehen will. Das erfordert einen informierten und selbstkritischen Protest, nur gute Absichten zu haben, genügt nicht. Bürgerinnen und Bürger werden sich darüber hinaus nur zum Protest entschließen, wenn auch die emotionale Bilanz stimmt: wenn sie Wut ausdrücken oder Spaß haben können.

Diese Prüfsteine werde ich in den folgenden Abschnitten erläutern, und sie dienen als Richtschnur bei der Beschreibung der Aktionen im zweiten Teil des Buches.

## 2 Wie können alltägliche Protestaktionen politisch wirken?

Wer eine der in diesem Buch beschriebenen Aktionen ausführt, wird früher oder später mit der Frage konfrontiert (oder er stellt sie sich selbst): Was kann eine solche Aktion politisch bewirken? So vielfältig wie die Aktionen, ihre Anlässe und ihre Gegner sind auch ihre möglichen politischen Wirkungsweisen:

- Eine grundlegende Wirkungsweise ist Information und Aufklärung von Mitbürgern. Auf Plakaten, in Flugblättern, Blogs, Leserbriefen, Internetdiskussionsforen, über Twitter und Facebook, durch Mahnwachen oder Demonstrationen wird auf Missstände aufmerksam gemacht, und es werden Forderungen zur Abhilfe erhoben. Diese aufklärende und meinungsbildende Funktion von Bürgerprotesten ist der klassische Modus der Einflussnahme auf politische oder wirtschaftliche Entscheidungsträger. Vor allem Politiker und Parteien können damit unter Druck gesetzt werden, weil sie auch zwischen den Wahlen um ihre Popularität besorgt sind und ihre künftigen Wahlchancen im Auge haben. Zahlreiche in letzter Zeit gestoppte Gesetzesvorhaben, zum Beispiel zur Datenvorratsspeicherung, zeugen von der Macht der Bürgerproteste. Sie reicht bis Brüssel: Dort wurde Anfang 2013 nach europaweiten Protesten ein Verordnungsentwurf zur Dienstleistungsvergabe entschärft, als dessen Folge die Wasserversorgung kaum noch in den Händen der Kommunen hätte bleiben können. Kluge Politiker betrachten Bürgerproteste nicht bloß als feindseligen Akt. Sie nutzen sie gegen Lobbyisten, politische Gegner oder Fraktionszwänge.

- Wenn aufklärende Aktionen mediengerecht inszeniert werden und Zeitungen, Rundfunk und Fernsehen über sie berichten, verstärkt sich ihre Wirkung auf Entscheidungsträger. Manche Aktionen zielen ausschließlich darauf ab, dass über sie in den Medien berichtet wird. Dazu gehören beispielsweise die spektakulären Schlauchbootaktionen von Greenpeace gegen Walfangschiffe, die einem Abkommen zum Schutz von Walen den Weg bereitet haben. Aber auch kleine Alltagsaktionen haben die Chance, durch einfallsreiche Inszenierungen und durch Pressearbeit Wirkung zu erzielen. Was wenig bekannt ist: Meinungsäußerungen in den Medien beeinflussen Politiker auch auf indirekten Wegen. Politiker lassen Medien, vor allem Internetseiten und Internetdiskussionsforen, von Mitarbeitern beobachten (inzwischen gibt es dafür auch Programme), um Meinungstrends und Kritikpotentialen auf die Spur zu kommen. Jede Meinungsäußerung kann auf diese Weise wirksam werden.
- Demonstrationen, Unterschriftenlisten oder Internetprotestaufrufe sind ein wirksames Mittel im Kampf um die Meinungshoheit. Sie beweisen, dass viele Bürger und Bürgerinnen einer bestimmten Meinung sind. Auch in alltäglichen Situationen muss übrigens um Meinungshoheit gekämpft werden, etwa in Kantinen, am Tresen, im Zugabteil (vergleiche Aktion 26).
- Die veröffentlichte Meinung in den Medien wird auf diese Weise durch eine zivilgesellschaftlich zustande gekommene öffentliche Meinung ergänzt und relativiert. Politi-

ker ignorieren diese zivilgesellschaftlich artikulierte, meist durch Medien verstärkte öffentliche Meinung selten. Die rasche Energiewende der schwarz-gelben Regierung ist ohne die vielen Bürgerproteste und Medienberichte nach Fukushima kaum erklärbar.

- Auch wirtschaftliche Entscheidungsträger können unter Druck gesetzt werden, besonders durch Verbraucheraktionen. Ein Beispiel sind Kaufboykotte mit dem Ziel, dass ein Unternehmen sein verantwortungsloses Wirtschaften einstellt. Oft genügt bereits die Drohung von Boykotten samt Rufschaden, damit Markenfirmen Besserung geloben. So einigten sich 2012 zwanzig große Jeanshersteller ziemlich rasch auf ein Verbot des Sandstrahlens, nachdem die »Kampagne für Saubere Kleidung« die Gesundheitsgefährdung der Arbeiter angeprangert und damit die Möglichkeit von Kaufboykotten in den Raum gestellt hatte. Die Verbraucher und NGOs müssen den Unternehmen freilich weiter auf die Finger schauen, damit sie ihre Zusagen auch einhalten. Kaufboykotte sind – bei allem Pro und Contra (vergleiche Seite 29 ff., 36 ff.) – eine wichtige Waffe der Zivilgesellschaft, entsprechend viele Aktionen dieses Buches beruhen auf ihnen (Aktionen 14, 17, 20, 23, 38). Manchmal lassen sich Unternehmen auf Umwegen unter Druck setzen: Durch Onlineretouren (vergleiche Aktion 17) schädigt man zunächst den Versandhändler, der den Druck mit Verzögerung an die kritisierten Herstellerfirmen weitergibt.
- Anstatt verantwortungsloses Wirtschaften durch Boykotte zu bestrafen, kann die Zivilgesellschaft Unternehmen auch durch belohnende Aktionen auf den richtigen Weg bringen. Ein Beispiel ist der »Carrotmob« zugunsten von Geschäften mit einem fairen Warensortiment (vergleiche Aktion 43). Diese Einflussmöglichkeit per Belohnung könnte

Zukunftspotential haben. Immer mehr Unternehmen werben mit – angeblich oder tatsächlich – fairen oder umweltverträglichen Produkten und signalisieren damit »Kaufe uns, dann trägst du zu einem gemeinwohlorientierten Wirtschaften bei«.

- Auf Behörden und ihre Entscheidungen kann Druck ausgeübt werden, indem man den gerichtlichen Klageweg einschlägt (Aktion 28, 45) oder indem man intensiv Beschwerde-, Auskunfts- oder Widerspruchsrechte in Anspruch nimmt (Aktionen 4, 6, 12). Erfolgsbeispiele gibt es zahlreiche. So stoppten Bürger 2012 mit ihrer Klage vor dem Oberverwaltungsgericht Münster den geplanten Bau des größten Steinkohlekraftwerks Europas. Wenn mit Widerspruchs- und Beschwerdewellen und entsprechender Medienaufmerksamkeit zu rechnen ist, werden Behörden und Politiker weniger obrigkeitsstaatlich agieren und transparenter, gerechter und sorgfältiger planen. Generell wird die rücksichtslose Ausübung ökonomischer oder politischer Macht riskanter, wenn irrational erscheinende Protestreaktionen drohen und renitente Bürger durch exzessive Inanspruchnahme von Rechten »Sand in das Getriebe« streuen (vergleiche Aktionen 6, 12, 30, 34).
- Durch bloße körperliche Präsenz können unerwünschte Ereignisse verhindert werden. Erfolgsbeispiele sind die vielen Blockaden von Bürgerinnen und Bürgern gegen Nazi-Aufmärsche. Oder die Berliner Rentner, die 2012 ganze 113 Tage lang ihr Freizeitseniorenheim besetzt hielten und letztlich dessen Schließung verhinderten. Manchmal erscheinen solche Besetzungen oder Blockaden zunächst aussichtslos, verschaffen aber dann doch Zeit, um politische Lösungen auf den Weg zu bringen.
- Die rücksichtslose Ausübung ökonomischer oder politischer Macht wird riskanter, wenn irrational erscheinende

Protestreaktionen der Bürger drohen. Wenn Behörden mit renitenten Bürgerinnen und Bürgern rechnen müssen, die durch exzessive Inanspruchnahme von Rechten »Sand in das Getriebe« streuen (vergleiche Aktionen 6, 12, 30, 34), werden sie künftig bürgernäher handeln (aber vielleicht auch versuchen, diese Rechte einzuschränken!).

- Die Zivilgesellschaft kann über gelebte Utopien einer besseren Welt Einfluss erlangen. Wer Verhaltensweisen, mit denen bestehende Missstände überwunden werden sollen, zunächst selbst im Kleinen realisiert, wirkt als Vorbild für andere. Beispielsweise wenn er sein Kapital ethisch anlegt, an Tausch- und Leihringen teilnimmt oder mit Regionalgeld zahlt (vergleiche Aktionen 24, 25, 46). Er praktiziert damit exemplarisch Verhaltensweisen für eine nachhaltigere Welt.
- Eine besondere Einflussmöglichkeit wird von der sogenannten »Kommunikationsguerilla« gepflegt. Sie macht durch ihre Aktionen politisch oder wirtschaftlich Mächtige, ihre Botschaften und ihre Symbole lächerlich und beraubt sie dadurch ihrer kommunikativen Übermacht. Einige Aktionen dieses Buches zielen auf ähnliche Effekte (zum Beispiel Aktion 31, 35, 36).
- Oft wollen Bürgerproteste herrschende politische, wirtschaftliche oder gesellschaftliche Zustände als Ganzes delegitimieren. Viele Aktivisten kritisieren mit Protesten das kapitalistische System und rufen zu seiner Überwindung auf. Die politische Wirkung von Bürgerprotesten zeigt sich hier nicht in der Erreichung kurzfristiger Ziele, sondern in der Zunahme von Systemkritik (zum Beispiel Aktion 42).
- Eine etablierte Kultur von Bürgerprotesten, die immer wieder durch unterschiedliche kleine Aktionen unter Beweis gestellt wird, trägt zur Wiederherstellung des Gleichgewichts der Kräfte in der Demokratie bei. Globalisierung,

wirtschaftliche Konzentrationsprozesse und technischer Fortschritt haben dieses Gleichgewicht zugunsten der Entscheidungsmächtigen verschoben, oft zugunsten von Allianzen von Politik, Staat und Wirtschaft, die ihre Entscheidungen als alternativlos darstellen. Hier springt die Zivilgesellschaft mit ihren Aktionen ein. Ein Grundrauschen zivilgesellschaftlicher Aktionen wirkt – zusätzlich zur »vierten Gewalt« der Medien, die oft in wirtschaftliche Interessenkartelle eingebunden ist – als demokratisches Gegengewicht und fördert gemeinwohlorientiertere Entscheidungen. Wenn Entscheidungsmächtige in Politik, Staat und Wirtschaft wissen, dass neben Gerichten, Medien und Parlamenten auch die Bürgerinnen und Bürger wachsam sind und gegebenenfalls täglich widerspenstig reagieren, werden sie ihre Macht verantwortungsbewusster ausüben.

- Wird damit von der Zivilgesellschaft zu viel erwartet? Namhafte politische Vordenker haben in jüngster Zeit Ähnliches vertreten. Beispielsweise der französische Publizist Stéphane Hessel mit seinem Bestseller *Empört Euch*. Oder auch der einflussreiche britische Politologe und Theoretiker der »Post-Demokratie«, Colin Crouch, der die Zivilgesellschaft zu den vier großen Kräften zählt, die heute eine funktionierende Gesellschaft garantieren. Auch auf Bundespräsident Joachim Gauck kann man sich berufen. Er hat anlässlich der 70-Jahr-Gedenkfeier der Widerstandsgruppe »Weiße Rose« fast warnend gesagt: »Nur dort, wo die Zivilgesellschaft stark ist, können sich menschenfeindliche Haltungen nicht ausbreiten.« Er bezog diese Aussage auf Bürgerproteste gegen Nazi-Aufmärsche, sie gilt aber zweifellos auch für die Inhumanität der Märkte.

Erfolgreicher Bürgerprotest wird in der Regel auf mehreren der beschriebenen Wirkungsweisen beruhen. Mit einer Sitzblockade kann man die Schließung einer sozialen Einrichtung vorübergehend verhindern. Ihren Erhalt wird man nur erreichen, wenn man durch eine mediengerechte Inszenierung der Sitzblockade für Medienberichterstattung sorgt und so öffentlichen Druck für eine bessere kommunale Sozialpolitik erzeugt. Kaufboykottkampagnen wirken unmittelbar durch ökonomische Schädigung einer Firma, mittelbar aber auch über die Politik. Politiker werden durch boykottbereite, protestgeübte Konsumenten und durch NGOs ermuntert, bessere gesetzliche Rahmenbedingungen zu schaffen. Insofern ist der Vorwurf des Sozialpsychologen und Konsumkritikers Harald Welzer, mit Kaufboykotten verzichtete man auf politische Gestaltung, nicht zutreffend. Der einzelne Konsument, NGOs und kritische Politiker gestalten arbeitsteilig. Es wäre zu viel verlangt, jedem Konsumenten täglich politische Gestaltungsüberlegungen abzufordern.

Einem Missverständnis wäre abschließend entgegenzuwirken: Mit den 50 Aktionen dieses Buches allein werden substantielle politische Veränderungen kaum erzielbar sein, selbst wenn die Aktionen von vielen ausgeführt würden. Viele weitere neue widerständige Aktionsformen müssen hinzukommen. Sie zu finden ist Aufgabe der Leserinnen und Leser. Das Buch versteht sich nur als eine Art Aufschlag mit ersten Aktionsvorschlägen.

# 3 Einige problematische Aspekte von Bürgerprotesten

Bürgerproteste sind bei näherem Hinsehen ambivalenter und problematischer, als ihre meist löblichen Absichten es vermuten lassen. Erforderlich ist eine selbstkritische, verantwortungsvolle Protesthaltung, dass man sich der Probleme des eigenen Tuns bewusst ist und sie von Fall zu Fall abwägt. Hier sind einige Problempunkte.

## Was sind öffentliche Missstände?

Ein öffentlicher Missstand ist, so lässt sich vereinfacht sagen, ein Missstand, der sehr viele Bürgerinnen und Bürger betrifft und der bekannt ist beziehungsweise bekannt werden sollte. Aber was empfinden viele Menschen als Missstand? Darüber gehen die Meinungen erfahrungsgemäß auseinander. Über die Bewahrung der Natur sind sich die meisten einig, aber ob die »Befreiung« eines Feldes von Genmais dazugehört, ist umstritten. Den Wirtschaftsliberalen ist eine strenge Bankenregulierung ein Ärgernis, die Linken empört ihr Ausbleiben. Manche Christen halten Abtreibung für Mord, für viele Frauen gehört Abtreibung zu ihrem Recht auf Selbstbestimmung. Die einen demonstrieren vor dem Haus des entlassenen Exstraftäters, andere halten das für Mobbing. Rechte freuen sich über abgeschobene Asylbewerber, andere schützen sie vor der Abschiebung.

Ein Recht zur Äußerung »ihrer« Empörung haben in Deutschland alle, der Anarchist ebenso wie der Neonazi, der Christ oder der Wutbürger. Erfolg wird ihr Protest aber nur dann haben, wenn es ihnen gelingt, viele andere davon zu überzeugen, dass tatsächlich ein Missstand vorliegt. Daher gibt es eine pragmatische Antwort auf die Frage, was öffentliche Missstände sind, gegen die man protestieren sollte: Sprechen Sie vor einer geplanten Aktion mit möglichst vielen und unterschiedlichen Menschen, dann werden Sie sehen, ob Ihre persönliche Empörung geteilt wird!

## Sind die Deutschen überhaupt zu Bürgerprotesten bereit?

Wer schon einmal protestiert hat, kennt die bange Frage: Wird mein Protest nicht wirkungslos verpuffen? Scheitert er an der politischen Lethargie der Mehrheit der Bevölkerung? Umfragen zufolge wächst in Deutschland die Bereitschaft zu Protestaktionen. Eine Anfang 2013 vom Göttinger Institut für Demokratieforschung veröffentlichte Studie macht ältere Männer mit hohem Bildungsabschluss und geregeltem Einkommen als typischen Demonstranten aus. Junge Erwachsene erklärten sich in einer ALLBUS-Umfrage (steht für »Allgemeine Bevölkerungsumfrage der Sozialwissenschaften«) von 2010 zu 80 Prozent bereit, Unterschriftensammlungen zu unterschreiben, 60 Prozent haben es bereits getan; 60 Prozent würden auf ungenehmigte Demonstrationen gehen.

62 Prozent gaben in einer Umfrage des Meinungsforschungsinstituts Forsa 2008 an, dass sie einem Boykottaufruf gegen Nokia folgen werden. Bemerkenswert ist, dass in benachteiligten Bevölkerungsschichten eher weniger Protestbereitschaft zu finden ist.

Bereitschaft zum Protest, wie sie in den Umfragen erfragt wird, bedeutet natürlich nicht tatsächliches Handeln, aber es ist die Vorstufe dazu. Wie rasch es in Deutschland zu massenhaftem Handeln kommen kann, bewies 1995 das Vorhaben von Shell, die Ölplattform Brent Spar in die Nordsee zu versenken. Dem Boykottaufruf von Greenpeace schlossen sich binnen einer Woche so viele Autofahrer an, dass Shell den Plan aufgab. Dennoch ist Claudia Lange, der Gründerin der Protestplattform Utopia, zuzustimmen, wenn sie kritisch anmerkt, dass zu viele protestbereite Deutsche in der Haltung des »Man-müsste-mal …« verharrten. Vielleicht können die Aktionsrezepte in diesem Buch diese Haltung ein bisschen aufweichen!

Zunehmend werden Proteste über das Internet organisiert und geäußert. Onlineprotestaufrufe erreichen schnell einmal 100 000 Unterschriften. Die Printmedien greifen Internetproteste oft auf und verstärken sie. Als 2010 wenige Blogger ein längst vergessenes Interview mit dem damaligen Bundespräsidenten Horst Köhler veröffentlichten, in dem dieser Verständnis für Wirtschaftskriege äußerte, waren es die großen Zeitungen und Zeitschriften, die über die Internetaktion berichteten und öffentlichen Druck erzeugten, bis Horst Köhler zurücktrat. Kraftvolle und anhaltende Protestbewegungen wie gegen das Großbahnhofsprojekt Stuttgart 21 zeigen, dass Protest in der Mitte der Gesellschaft angekommen ist. Deutschland ist heute ein Land mit Protestkultur, Einzelaktionen können auf fruchtbaren Boden fallen und Nachahmer finden!

## Unerwünschte Nebenwirkungen

Wie bei Arzneimitteln gilt auch beim zivilen Widerstand: Was wirkt, hat auch Nebenwirkungen. Mit einem Kaufboykott üben Sie Druck auf eine unverantwortliche Firma aus, gefährden aber unter Umständen Arbeitsplätze in dieser Firma. Wer online gekaufte Waren zurückschickt, um eine üble Firma abzustrafen, schädigt zunächst einmal den Versandhändler. Vorwürfe müssen gravierend und belegbar sein, damit solche Kollateralschäden bei »Unschuldigen« als akzeptabel erscheinen. Manchmal sind die Mitgeschädigten allerdings nicht ganz unschuldig. Der Versandhändler hätte sich besser über die Firmen informieren können, deren Waren er im Sortiment hat. Und manche Mitarbeiter bleiben aus Bequemlichkeit oder Opportunismus bei Skandalfirmen, obwohl es Beschäftigungsalternativen gäbe.

Bedenklicher sind Aktionen gegen eine Firma, wenn unter ihren Folgen die Angestellten dieser Firma leiden, die am Existenzminimum leben und keine Beschäftigungsalternativen haben. Kaufboykotte gegen Billigtextilien waren umstritten, weil sie anfänglich in Firmen in Bangladesch zu Entlassungen geführt haben. Inzwischen werden dort aber Verbesserungen der Arbeitsbedingungen vorgenommen, wie die »Kampagne für Saubere Kleidung« vermeldet. In vielen Nähereien in Bangladesch wurden die Mindestlöhne heraufgesetzt. In China hat der Computerkonzern Apple Anfang 2013 unter dem Druck der NGOs zugesichert, dass in seiner Skandalzulieferfirma Foxconn – in die Schlagzeilen geraten wegen der Selbstmorde unter ihren Arbeitern – die Arbeitszeiten gekürzt und Betriebsräte gewählt werden.

Problematisch und von Fall zu Fall zu beachten ist eine andere Nebenwirkung von Bürgerprotesten: Jede öffentliche

Kritik verschafft den Angegriffenen öffentliche Aufmerksamkeit und damit eine Bühne. Sie können die Gelegenheit nutzen, sich zu profilieren. Politiker weisen Kritik mithilfe ihres Insiderwissens zurück, lassen die Kritiker als schlecht informiert dastehen. Firmen werben bei Boykottkampagnen oft damit, dass sie sich ab jetzt ökologischen und ethischen Zielen verpflichten und können so aus der Kritik Kapital schlagen. Dagegen helfen nur weitere kritische Beobachtung und ein langer Atem in der Auseinandersetzung.

## Scheinerfolge und die Notwendigkeit permanenten Bürgerprotests

Politiker sind Meister in der Kunst des nur verbalen Nachgebens. Wenn sie mit Bürgerprotesten konfrontiert werden, fürchten sie um ihre Reputation und um künftige Wählerstimmen. Mit verbalen Zugeständnissen versuchen sie, aus den Negativschlagzeilen zu kommen, und setzen auf die Vergesslichkeit der Bürgerinnen und Bürger. Auch die allermeisten Firmen reagieren heute geradezu entgegenkommend, wenn man ihnen öffentlich sozial oder ökologisch unverantwortliches Wirtschaften vorwirft, zu einem tatsächlichen Boykott muss es meistens nicht kommen. Besonders Markenfirmen geloben rasch Besserung, damit ihr Image nicht Schaden erleidet. Sie gehen bereitwillig entsprechende Vereinbarungen mit NGOs ein oder sichern Selbstverpflichtungen zu (»Codes of conduct«). Dafür haben größere Firmen inzwischen eigene Abteilungen für »Corporate Social Responsibility« (soziale Unternehmensverantwortung) eingerichtet.

Halten die Firmen auch, was sie so rasch versprechen? Die Überprüfung ist unter globalisierten Bedingungen, wo zahlreiche Zulieferfirmen in den Herstellungsprozess verwickelt sind, nicht immer leicht. Stichproben der »Kampagne für Saubere Kleidung« in Nähereien in Bangladesch zeigen ein ambivalentes Bild. Trotz Besserungszusagen großer Textilhandelskonzerne wie H & M und C & A wurden weiterhin Kinderarbeit, Hungerlöhne und mangelhafter Arbeitsschutz festgestellt, inzwischen aber auch Fortschritte. Doch viele Firmen unterlaufen Konsumentenproteste, indem sie die bemängelten Angaben auf Verpackungen gegen andere, ebenso irreführende Angaben austauschen. Oder sie ändern nur Produktnamen oder Aufmachung eines kritisierten Produktes.

Punktuelle Erfolge sind manchmal Scheinerfolge, wenn die systemischen Ursachen von Missständen nicht beseitigt werden. Zwar gelingt es Bürgerinitiativen manchmal, Asylbewerber in letzter Sekunde vor der Abschiebung zu schützen. Die eigentliche Ursache solcher immer wiederkehrender, ungerechter Abschiebungen, das Asylrecht, besteht aber weiter. Trotzdem: Auch punktuelle Erfolge sind Erfolge, und selbst Scheinerfolge ermutigen und setzen Lernprozesse in Gang. Man sollte sie als Einstieg in eine längerfristige Auseinandersetzung begrüßen. Die Lebensmittelindustrie macht auf Verpackungen kleine oder scheinbare Zugeständnisse, aber die Verbraucher sind weiterhin aufmerksam. Politiker bleiben auch nach ihrem raschen Nachgeben unter zivilgesellschaftlicher Beobachtung. Und wenn ein massenhafter Gebrauch von Informationsrechten durch die Bürgerinnen und Bürger dazu führt, dass diese Rechte gesetzlich wieder eingeschränkt werden, wird man neue Aktionsformen entwickeln. Zivilgesellschaft muss als permanente Auseinandersetzung begriffen werden, als Dauerprojekt. Das erfordert permanente Recherchen und längerfristig angelegte Strategien des zivilen Widerstands, wie sie nur mithilfe von Organisationen der Zivilgesellschaft geleistet werden können.

## Bürgerprotest inner- und außerhalb von Organisationen der Zivilgesellschaft

NGOs wie Attac, Greenpeace, Campact, Amnesty International, Oxfam, Foodwatch und andere verrichten für die Zivilgesellschaft Aufgaben, die einzelne protestierende Bürgerinnen und Bürger kaum leisten könnten. Sie beobachten und recherchieren Missstände, informieren mit Webseiten, schaffen Bündnisse, entfachen Kampagnen und stellen ein Zusammengehörigkeitsgefühl der Protestierenden her. Sie leisten Lobbyarbeit, Öffentlichkeitsarbeit und Politikberatung, geben notfalls rechtlichen Beistand. Ihre wichtigste Aufgabe besteht in der Aufrechterhaltung eines längerfristigen zivilen Widerstands und in seiner strategischen Planung. Bürgerproteste einzelner entstehen meist spontan und sind von Emotionen getragen, aber sie halten selten lange an. Insofern sind Organisationen für einen anhaltenden und wirksamen Bürgerprotest unverzichtbar.

Umgekehrt ist auch eine individualisierte Protestkultur für NGOs wichtig. Attac und Co würden in Medien und Politik nicht so viel Gehör finden, müsste man nicht damit rechnen, dass sie notfalls viele protestbereite Menschen mobilisieren könnten. Alltägliche Protestaktionen in allen Bereichen – gewissermaßen ein widerständiges Grundrauschen – würden diese Bereitschaft permanent unter Beweis stellen. Schließlich: Hat jemand erst einmal selbst »seine« kleine Protestaktion unternommen, wird er danach leichter zu Organisationen finden. Mit zunehmender Protesterfahrung sinken die Hemmschwellen, die es in individualisierten Gesellschaften erschweren, Organisationen beizutreten. Folgerichtig wird in diesem Buch die Mitarbeit in NGOs, aber auch in Gewerkschaften als eigene »Aktion« vorgeschlagen.

Auch wenn vieles für ein Zusammenspiel von individualisierten und organisierten zivilgesellschaftlichen Aktionen spricht, eine zu starke Verbindung wäre nicht unbedingt wünschenswert. Zivilgesellschaftliche Organisationen besitzen bestimmte Rechtsformen und sind dadurch besonders angreifbar. Davon zeugen die massiven Angriffe auf die NGO Wikileaks im Jahre 2012, die vom Zahlungsverkehr ausgeschlossen wurde. Auch der Entzug der Gemeinnützigkeit stellt ein Druckmittel dar. Gegen zivilgesellschaftliche Aktionen, die von einzelnen allein vorbereitet und durchgeführt werden, greifen solche Repressionen nicht. Das Konzept des »führerlosen Widerstands« des amerikanischen Anthropologen und als Vordenker der Occupy-Bewegung bezeichneten David Graeber berücksichtigt diese Erfahrung. Das Konzept ist inzwischen leider auch von Rechtsradikalen übernommen worden – so wie sie auch andere Protestformen der Linken zu kopieren beginnen, zum Beispiel mit Anonymus-Masken zu demonstrieren und Flashmob-Aktionen zu organisieren.

## Nutzen sich permanente Bürgerproteste ab?

Wenn es tatsächlich verbreitet zu permanenten Beschwerden, Demonstrationen, Protestaufrufen, Kaufboykotten kommen sollte, zu all den kleinen Widerspenstigkeiten und

Nadelstichen, die dieses Buch beschreibt: Würde der Protestpegel nicht so laut werden, dass sich die Bürgerinnen und Bürger, wie der Protestforscher Dieter Rucht befürchtet, am Ende die Ohren zustopfen? Würde ein widerständiges Grundrauschen nicht zu einem Gewöhnungsprozess führen und abstumpfen?

In der Tat können permanente Proteste anderen Menschen auf die Nerven gehen. Jeder hat ein Recht auf einen nichtdauerpolitisierten Alltag. Das ist vor allem bei Aktionen zu beachten, die den Bekanntenkreis tangieren. Wenn man zu aufdringliche und besserwisserische moralische Appelle vermeidet, werden regelmäßige politische Informationen heute akzeptiert. Die tägliche Bewältigung vieler Mails gehört inzwischen zur Alltagskultur. Gegen die befürchteten Gewöhnungseffekte spricht, dass die Gesellschaft immer wieder neue drastische Anlässe zum Protest liefert. Die »Erregungsgesellschaft« hat zwar Politik- und Politikerverdrossenheit gefördert, die Bürger sind aber nach wie vor empört und weiterhin bereit, sich über Missstände zu empören.

Eine größere Gefahr dürfte in der Kurzlebigkeit eines Bürgerprotests liegen, der immer neue Missstände aufgreift und darüber die alten vergisst. Hier liegt eine originäre Aufgabe der zivilgesellschaftlichen Organisationen. Sie müssen für Kontinuität der Bürgerproteste sorgen. Denn die Gefahr besteht, dass Unternehmen, Politik und Behörden bald gelernt haben werden, Routineprozeduren im Umgang mit Dauerprotesten zu entwickeln und sie ins Leere laufen zu lassen.

Nur wenige Aktionen werden sofort zu Erfolgen führen, etwa zu der Aufgabe einer geplanten Bebauung, der Schließung einer öffentlichen Einrichtung, zur Aussetzung einer Abschiebung oder eines Gesetzentwurfs. Oft wird eine einzelne Aktion höchstens eine Verzögerung zur Folge haben oder nur Kritik zum Ausdruck bringen. Dann kommt leicht das Gefühl auf, Bürgerprotest sei vergeblich. Das kann zu Resignation führen, in manchen Fällen sogar den Weg in den Extremismus ebnen. Dagegen hilft ein Verständnis von Bürgerprotesten als permanente, gewissermaßen bürgerpflichtige Aufgabe, die in ihrer Gesamtheit das demokratische Kräftegleichgewicht ausbalanciert.

Auch wenn eine alltägliche Protestaktion als nicht unmittelbar zielführend erscheint und vielleicht sogar ihre Vergeblichkeit absehbar ist, weil Behörden auf eine Beschwerde mit Standardantworten oder Unternehmen mit bloßen Versprechungen reagieren: Sie sollte dennoch als Beitrag zu dem notwendigen zivilgesellschaftlichen Grundrauschen ausgeführt werden. Die Zivilgesellschaft bleibt mit diesem Grundrauschen in Übung und dokumentiert ihre Handlungsbereitschaft gegenüber den politisch und ökonomisch Mächtigen. Und nur durch dauernde Übung und Praxis lernt sie, wie sie die Reaktionen des jeweiligen Gegners mit neuen oder verbesserten Aktionen beantworten kann.

## Bürgerprotest als Besitzstandswahrung des Bürgertums?

Der ehemalige Innenminister und derzeitige Verteidigungsminister Thomas de Maizière unterstellte den Protesten gegen Großprojekte einen »Strukturkonservativismus auf hohem Niveau«, der vom »Willen zur Besitzstandswahrung« getragen ist. So wurde der Protestbewegung gegen die Hamburger Schulreform vorgeworfen, dass sich durch sie das Bildungsbürgertum auf Kosten bildungsferner Schichten durchgesetzt habe. Die Rettung der eigenen heilen Welt mag manche Bürgerproteste motivieren, beispielsweise wenn es gegen Windräder oder Stromtrassen vor der eigenen Haustür geht. Inwieweit in solchen Fällen immer Partikularinteressen vor dem Gemeinwohl rangieren, ist von außen oft schwer feststellbar. Die Zivilgesellschaft würde sich in eine lähmende permanente Auseinandersetzung begeben, versuchte sie, hier gültige Maßstäbe aufzustellen. Auch Bürgerproteste, die eher partikularistische Ziele verfolgen, tragen dazu bei, das allgemeine politische Ziel von Protesten zu erreichen: den Aufbau von zivilgesellschaftlicher Gegenmacht.

## Bürgerprotest als Alibi?

Kathrin Hartmann hat in ihrem erfolgreichen Buch *Das Ende der Märchenstunde* den sogenannten LOHAS (Anhängern eines »lifestyle of health and sustainability«) vorgeworfen, dass diese sich in Wahrheit nur ein Alibi für ihren insgesamt umweltschädlichen Lebensstil verschaffen: Sie kaufen ein T-Shirt aus Ökobaumwolle und fliegen damit im Billigflieger zum Wochenende nach Barcelona, anstatt vor einer Textilhandelskette gegen Hungerlöhne zu protestieren.

Tragen die in diesem Buch beschriebenen Aktionen des zivilen Widerstandes auf ähnliche Weise zur politischen Abstinenz bei? Wird sich der »Sofaklicker«, der rasch einen Internetprotestaufruf gegen billige T-Shirts unterschreibt, anschließend zurücklehnen und sagen: Jetzt brauche ich erst einmal nichts mehr zu tun? Bei einigen – bei wie vielen ist wegen fehlender Untersuchungen unklar – wird ein solcher Entpolitisierungseffekt eintreten. Allerdings wäre zu fragen, ob sie wirklich politisch aktiver geworden wären, wenn sie ihren Sofaklick unterlassen hätten.

Bei Protesteinsteigern ist eher ein politisierender Effekt zu erwarten: Menschen, die sich zum ersten Mal mit einer kleinen Aktion engagieren, werden offen für weitere Informationen sein, die die Richtigkeit ihrer Einstiegshandlung bestätigen. Sie werden mit anderen über ihre Aktion sprechen, wodurch diese Teil ihrer Außendarstellung wird. Das führt eher dazu, dass sie nach dieser Einstiegsaktion weitere Vorhaben des zivilen Widerstandes ins Auge fassen, als dass sie sie als Alibi benutzen, um fürderhin nichts mehr zu tun. Deswegen bietet dieses Buch ein ganzes Spektrum von Aktionen an, die nach ihrem Aufwand gestaffelt sind: vom leichten Unterschreiben eines Protestaufrufs oder dem Wechsel zu einem nachhaltigen Stromanbieter bis hin zu aufwendigeren Aktionen wie der Teilnahme an einer Demonstration oder gar der Besetzung einer von Schließung bedrohten Freizeitstätte.

## Das Informationsdilemma: Sind Vorwürfe gerechtfertigt? Führt die Aktion zum gewünschten Ergebnis?

Wir leben in einer Informationsgesellschaft, nie war es für jeden einzelnen so leicht, per Internet Informationen zu beschaffen. Jeder wird im Internet viele detaillierte Behauptungen über verantwortungslose Herstellungsbedingungen von Produkten finden (vergleiche im Anhang den Abschnitt über »Informationsquellen«) – aber kann man diesen Behauptungen immer trauen? Kritisierte Politiker oder Firmen reagieren mit Gegendarstellungen. Häufig werden die wirklich wichtigen Informationen verheimlicht, beispielsweise in den Verträgen zur sogenannten öffentlich-privaten Partnerschaft mit Wasserwerken oder Verkehrsbetrieben. Trotz des anscheinenden Überflusses an Informationen können wir oft nicht sicher sein, welche der Informationen stimmen beziehungsweise noch stimmen, die wir Aktionen zugrunde legen. Der fast in Lynchjustiz mündende Bürgerprotest gegen einen unschuldig als Kinderschänder verdächtigten Bürger aus Essen 2012 gibt zu denken – man hätte den Fehler bei genauerem Lesen der Polizeiberichte vermeiden können.

In ein Informationsdilemma geraten wir auch, wenn wir an die Folgen denken, die unser Protest hat. Wissen wir, wenn wir Nestlé boykottieren, ob die Kaufalternativen akzeptabler sind? Statt Produkte von Nestlé solche von Danone zu kaufen bedeutet unter Umständen, vom Regen in die Traufe zu geraten. Zwar gibt es inzwischen viele Tests und Beurteilungen, die uns Entscheidungshilfen geben. Sie sind inzwischen sogar während des Einkaufs auf dem Smartphone abrufbar (vergleiche dazu Aktion 14). Dennoch müsste man sich über die zugrunde liegenden Beurteilungsmethoden informieren, um ihren Aussagewert abschätzen zu können. Der tägliche politisch-korrekte Einkauf würde zur Wissenschaft. Besonders ungenügend ist in der Regel unser Wissensstand über komplexe ökologische Zusammenhänge. Der Journalist Alexander Neubacher hat in seinem Buch *Ökofimmel* beschrieben, wie wir deswegen mit gutgemeinten Umweltrettungen oft das Gegenteil erreichen. Wir haben brav unseren Wasserverbrauch reduziert und bekommen nun ernste Probleme mit der Kanalisation!

Soll man nun Aktionen des zivilen Widerstands unterlassen, wenn man sich unvollständig informiert fühlt? Nein, es sei denn, man hat wirklich nur sehr vage Beweise für Missstände – wie vage, muss dem Gewissen des einzelnen überlassen bleiben. Im Zweifelsfall geben Gespräche mit anderen Aufschluss, wie gut die eigene Wissensbasis ist. Ein Zwang, sich sehr gründlich, quasi wissenschaftlich, über Anlass und Folgen informieren zu müssen, würde Bürgerproteste ersticken. Man sollte die Informationsbeschaffung im übrigen dynamisch sehen, so wie zivilgesellschaftliche Aktionen als Dauerprojekt zu begreifen sind: Bürgerproteste sind mit ihrer Kritik eine Art Aufschlag, den der Gegner zurückschlagen muss, indem er auf die Kritik eingeht. Darauf antwortet dann wieder der Bürgerprotest und so weiter, und so weiter. Auf diese Weise reduzieren sich im Laufe einer Kampagne anfängliche Informationsdefizite.

## Zivilgesellschaftliche Aktionen im Internet und in der realen Welt

Das Internet ist geradezu eine Protestschleuder und aus dem zivilen Widerstand heute nicht mehr wegzudenken. Über die sozialen Netzwerke kann jeder für seine eigene kleine Aktion Öffentlichkeit und Nachahmer finden. Neue, niedrigschwellige Aktionsformen sind entstanden, die täglich mit geringem Aufwand ausführbar sind, beispielsweise das Unterschreiben von Onlineaufrufen. Kritiker sprechen häufig abschätzig vom »One-Click-Aktivismus« von »Sofaklickern« und begrüßen ihn lediglich als Einstiegshandlung zu engagierteren Formen des Widerstands.

Dass sich die Welt per Mausklick allein nicht retten lässt, ist inzwischen Konsens. Das Internet bietet ja lediglich Informationen, politisch gehandelt werden muss in der realen Welt. Für die Aufklärung über gesellschaftliche Missstände ist das Internet freilich unerlässlich – ebenso für die Vernetzung von Aktivitäten, wie die Occupy-Bewegung eindrucksvoll bewies, nicht zuletzt weil das Medium es ermöglicht, Informationen zu empfangen und zu senden. Aktionen im Internet entfalten besondere Durchschlagskraft, wenn sie durch Druck in der realen Welt ergänzt werden. Die Bundesregierung stoppte die geplante Ratifizierung des internationalen Antiproduktpiraterie-Handelsabkommens ACTA im Februar 2012 erst, nachdem die langandauernden Internetproteste durch Demonstrationen und mediengeeignete Einzelaktionen auf der Straße ergänzt wurden und an Gewicht gewannen (in 55 Städten mit geschätzten 100 000 Demonstranten).

## Shitstorms, Querulantentum und Wutbürger

Bürgerprotest darf übertreiben. Wer in einer Mediengesellschaft Vorwürfe und Anlässe nicht zuspitzt, wird kaum auf sein Anliegen aufmerksam machen. Auszuschließen sind jedoch leichtfertige Anschuldigungen gegen Personen und Institutionen, die in Beleidigung, Rufmord und Schädigung münden. Der Grat zwischen legitimer Ausübung des Rechts auf Meinungsfreiheit und der illegitimen Schädigung ist schmal. Auch wenn ein Protest legitim ist, kann er in der Praxis ins Zwielicht geraten. Auf Demonstrationen laufen bisweilen Krawallmacher, Querulanten, Mobber, sogar Agents provocateurs mit. Notorische Nörgler bis hin zu Psychopathen mischen sich im Internet unter Protestierende und desavouieren deren politisches Anliegen. Das Internet mit seiner möglichen Anonymität und leichten Aktionsmöglichkeit kann zur Brutstätte des Mobbings werden. Sachlich zutreffende und vorgetragene Vorwürfe weiten sich bisweilen zu einem übertreibenden und unfairen »Shitstorm« aus. In Chatrooms herrscht manchmal ein beleidigender Ton. Allerdings ist das Netz auch reich an neuen positiven Emotionsäußerungen wie das »☺«, und die Frustrationstoleranz gegenüber Beleidigungen ist gewachsen. Eine eigene »Netikette« entwickelt sich. Im Internet gilt, was auch in der realen Welt gilt: Zu polemische Äußerungen desavouieren sich früher oder später selbst. Ein Beispiel war die Schließung der Hetzplattform kreuz.net katholischer Fundamentalisten Ende 2012.

Der »Wutbürger« ist zum Negativbegriff vieler Politiker geworden. Radikalisierte ältere Demonstranten gegen den Bau von Stuttgart 21 mussten vielen vor dem Hintergrund der gemäßigten politischen Kultur Deutschlands als abstoßend erscheinen (im internationalen Vergleich wirken sie eher moderat). Wut als Antriebsmittel für Bürgerprotest darf nicht generell diffamiert werden. Entscheidend ist, ob sie zu Aktionen führt, die im Interesse des Gemeinwohls legitimierbar sind. Wenn protesterfahrene, über Zeit, Energie und Demonstrationserfahrung verfügende Angehörige der »68er-Generation« zum Bürgerprotest stoßen, kann das im Sinne des Aufbaus zivilgesellschaftlicher Gegenmacht auch begrüßt werden. Lieber Wut als Lethargie!

## Persönliche Risiken

Bei zivilgesellschaftlichen Aktionen in der realen Welt bringen Sie sich als Person ein und setzen sich damit persönlichen Risiken aus. Wenn Sie auf eine Demonstration gegen

Neonazis gehen, kann es zu Prügeleien kommen. Eine falsche Behauptung auf Ihrem Flugblatt kann zu einer Beleidigungsklage führen. Wenn Sie ein polemisches Transparent gegen einen Politiker in Ihr Fenster hängen, erhalten Sie vielleicht Drohanrufe seiner Anhänger. Bei Sitzblockaden können Sie von der Polizei unsanft abtransportiert werden, und unter Umständen bekommen Sie noch eine Strafe.

Wenn Sie zivilgesellschaftliche Aktionen im Internet unternehmen, hinterlassen Sie Spuren. Google wertet jeden Klick bei Ihrer Informationssuche aus, stellt sie zu einem Profil zusammen. Gezielte Werbeangebote über politische Bücher sind noch die harmloseste mögliche Folge. Auch wenn Sie Unterschriften leisten, Petitionen verschicken, sich beschweren, geben Sie Ihre Anonymität preis. Gleiches gilt, wenn Sie auf Facebook kritische Informationen weiterleiten, diskutieren oder zu Demonstrationen auffordern. Was mit Ihren Daten zukünftig geschieht, hängt auch von den Entwicklungen bei der Datenschutzgesetzgebung und der staatlichen Überwachung ab. Persönliche Datenhygiene ist nicht unklug, auch das Löschen persönlicher Daten, sofern möglich (vergleiche Aktion 3). Ein genereller Boykott von Google, Facebook, Twitter und Co. wäre problematisch: Sie haben ja einen unbestreitbaren Nutzen für die Zivilgesellschaft.

## Juristische Risiken

Je nach zivilgesellschaftlicher Aktion können Sie mit unterschiedlichen Rechtsbereichen in Kollision geraten: einmal mit dem Zivilrecht, wenn Sie jemandem Sachschaden zufügen (beispielsweise durch Parolen auf einer Hauswand); mit dem Strafrecht, wenn Sie bei einer Festnahme Widerstand leisten; mit dem Presserecht, wenn Sie in einem Flugblatt schädigende Nachrichten über jemanden verbreiten; mit dem Versammlungsrecht, wenn Sie an einer unangemeldeten Demonstration teilnehmen. Zahlreich sind die Ordnungswidrigkeiten, die Sie bei Aktionen begehen können. Informationsquellen zur allgemeinen Rechtslage und zur aktuellen Rechtsprechung finden Sie im Anhang.

Da steht man ja mit einem Bein im Gefängnis, werden Sie jetzt vielleicht denken! Gottlob kommt es nicht besorgniserregend häufig vor, dass Bürgerprotestler in Straf- oder Zivilprozessen verurteilt werden. Bei den meisten in diesem Buch beschriebenen Aktionen besteht keine Gefahr, angezeigt zu werden. Und wenn es zu Gerichtsverfahren kommt: Eventuelle Urteile oder Strafen fallen meist milde aus. Gesetzgebung und Rechtsprechung in Deutschland sind vergleichsweise protestfreundlich. Dem Recht auf freie Meinungsäußerung wird in der Regel ein hoher Stellenwert eingeräumt, selbst wenn seine Ausübung die Rechte anderer verletzt. Das Bundesverfassungsgericht hat 2012 eine Sitzblockade, bei der eine Straßenbahn lange warten musste, als Versammlung und damit als legale Meinungsäußerung gewertet.

Boykottaufrufe gegen Firmen gelten als rechtens, auch wenn die Firma dadurch Verkaufseinbußen oder Rufschädigungen erleidet (»Lüth-Urteil« des Bundesverfassungsgerichtes von 1985), allerdings nur, wenn man mit ihnen keinen geschäftlichen Vorteil für sich erzielt. Die erhobenen Vorwürfe müssen außerdem begründet sein. Letzteres gilt auch für viele andere Protestaktionen, in denen naturgemäß Missstände kritisiert und damit eventuell Tatsachenbehauptungen aufgestellt werden, die andere schädigen oder beleidigen. Wenn Sie also in Flugblättern oder auf Plakaten heikle

Behauptungen aufstellen, sollten Sie sich aus der juristischen Schusslinie ziehen, indem Sie sich auf eine möglichst seriöse Quelle berufen. Beispielsweise: »Wie die *Süddeutsche Zeitung* berichtete ...« oder »Nach Recherchen der angesehenen ›Kampagne für Saubere Kleidung‹ ...«. Heben Sie die Fundstellen für eventuelle Auseinandersetzungen auf!

Wo kein Kläger ist, ist auch kein Richter. Bei kleineren Rechtsverstößen können Sie auf Nichtverfolgung wegen Geringfügigkeit hoffen, beispielsweise bei Aktionen des Guerilla Gardening (vergleiche Aktion 47). Firmen beschreiten den Klageweg selbst bei überzogenen, geschäftsschädigenden Vorwürfen meist nicht, weil sie ihren Ruf nicht gefährden wollen. In bestimmten strafrechtlich relevanten Fällen kann auch die Staatsanwaltschaft Anklage gegen Sie erheben, ohne dass ein Geschädigter Anzeige erstattet hat: wenn ein »besonderes öffentliches Interesse« an einer Strafverfolgung besteht. Das kommt allerdings selten vor, Ihre Aktion müsste beispielsweise ein Präzedenzfall sein. Selbst wenn es zur Anklage oder zur Anzeige gegen Sie kommt, müssen Ihre Täterschaft und der angerichtete Schaden erst einmal nachgewiesen werden. Welche Bestrafung Sie dann zu erwarten haben, hängt vom Einzelfall ab, den ein Richter beurteilt. Bei jeder in diesem Buch beschriebenen Aktion werden Hinweise auf die speziellen juristischen Risiken gegeben.

Generell sollten Sie bemüht sein, Ihre Aktion mit möglichst begrenzten, notfalls vor Gericht legitimierbaren Rechtsverstößen durchzuführen. Körperliche Gewalt gegen Personen muss aus moralischen Gründen ausgeschlossen bleiben. Bei konfrontativen Auseinandersetzungen auf der Straße kann das Prinzip der Gewaltlosigkeit unbeabsichtigt unter die Räder kommen. Hier droht Eskalation, manchmal durch beteiligte gewaltbereite Gruppen. Daher gilt es, heikle Bürgerproteste in eine Kultur der Sicherheit einzubinden.

Anleitungen dazu findet man auf der Webseite des Institutes für Friedensarbeit und Gewaltfreie Konfliktaustragung www.ifgk.de.

Wenn Sie bei Ihrer Aktion juristische Kopfschmerzen haben, sollten Sie fachkundigen Rat einholen! Auf Seite 225 finden Sie dazu einige Adressen. Ein nur wenig bekannter Weg: Deutsche Behörden sind zur kostenlosen Rechtsauskunft verpflichtet, die auch eine Beratung einschließt, sogar Formulierungshilfen. Weisen Sie in Streitfällen mit Behörden auf die »sozialstaatliche Ausgestaltung der Rechtsgewährung« hin, wie sie aus Grundgesetz Artikel 19, Satz 4 ableitbar ist, und verlangen Sie Rechtsberatung (vergleiche Mustertext im Anhang). In vielen Orten, etwa in München, haben Rechtsanwälte einen kostenlosen Beratungsservice für Menschen mit geringem Einkommen organisiert. Empfehlenswert für zivilgesellschaftliche Aktivisten ist auch, eine Rechtsschutzversicherung abzuschließen. Beachten Sie aber die Wartefrist zwischen Vertragsabschluss und Aktion. Das Armenrecht in Anspruch zu nehmen erfordert den Nachweis der eigenen Mittellosigkeit und hilft auch nur bei einer Anklage gegen Sie, nicht für die eigene Klage; später müssen Sie die Kosten eventuell zurückzahlen.

## 4 Zehn Argumente für Bürgerproteste

Das vorangegangene Kapitel hat gezeigt, dass Bürgerproteste neben guten Absichten und Erfolgsaussichten auch ambivalente und problematische Seiten besitzen. Wer eine Protestaktion durchführt, wird von anderen früher oder später mit kritischen Fragen konfrontiert, vor allem wenn eine Aktion mit Gesetzesübertretungen, Schädigungen, Nötigungen, selbst mit bloßen Störungen anderer verbunden ist. Wie kann man vertreten, dass man zum Beispiel eine Pelzträgerin mit – abwaschbarer oder gar nicht abwaschbarer – Farbe besprüht? Dann heißt es, seine Tat moralisch zu rechtfertigen, und zwar mit umso stärkeren Argumenten, je größer die Beeinträchtigung für andere war. Das schlichte Argument »Ich bin wütend und brauche keine moralische Rechtfertigung« wird nur wenige überzeugen. Auch mit der guten Absicht allein lässt sich eine Aktion nicht rechtfertigen. Zivilgesellschaftliche Aktionen müssen die Zustimmung aller finden können, die moralisch und vernünftig urteilen. In Anlehnung an Immanuel Kants bekannten kategorischen Imperativ formuliert: Ihr Bürgerprotest muss als allgemeine Handlungsmaxime erscheinen können.

Im Folgenden werden Argumentationsmöglichkeiten zugunsten zivilgesellschaftlicher Protestaktionen skizziert. Sie helfen Ihnen nicht nur gegen Kritiker, sondern auch bei der Gewinnung von Mitstreitern und bei der Pressearbeit. Suchen Sie sich die Argumente heraus, die zu Ihnen und Ihrer Denkweise passen und die Ihren jeweiligen Gesprächspartner überzeugen! Ihren Verwandten gegenüber werden Sie anders argumentieren müssen als gegenüber Kollegen am Arbeitsplatz oder Freunden, in einer Pressemitteilung anders als gegenüber Gleichgesinnten. Die passenden Argumente hängen auch von der gewählten Aktion ab: Eine Wandparole unter Inkaufnahme von Sachbeschädigung zu pinseln muss anders gerechtfertigt werden als eine Unterschrift unter einen Protestaufruf.

**Argument 1: »Ich will andere auf Missstände aufmerksam machen.«**
Eine probate Begründung von Bürgerprotesten lautet: »Ich möchte andere auf Missstände aufmerksam machen, ihnen Informationen samt Lösungsvorschlägen liefern.« Mit der Berufung auf das hoch angesiedelte Recht auf Meinungs- und Informationsfreiheit können Sie Einschränkungen anderer gut rechtfertigen, zum Beispiel bei Sitzblockaden, bei verkehrsbehindernden Demonstrationen, sogar bei Arbeitsrechtsverletzungen durch die Bekanntgabe betrieblicher Missstände.

Das Argument überzeugt aber nur unter drei Voraussetzungen: Erstens muss die Aktion öffentlich, von anderen wahrnehmbar sein. Ein Einspruch gegen Behördenentscheidungen, die Kündigung des Kontos bei üblen Banken oder der Boykott unfairer Waren sind kaum als Informationsakt darstellbar, es sei denn, man inszenierte sie öffentlich. Zweitens muss eine Aktion auch Informationen über den jeweiligen Missstand transportieren. Eine Wandparole gegen einen Politiker, in der dieser als »Schwein« tituliert wird, wird mangels Information kaum Verständnis wecken. Drittens sollte der Missstand, auf den mit einer Aktion hingewiesen werden soll, nicht schon hinlänglich bekannt sein. So hätte es 2012, als die Finanzkrise schon lange in der Öffentlichkeit angekommen war, wenig Sinn ergeben, Plakate mit der Botschaft »Banken spekulieren auf unsere Kosten« aufzuhängen.

**Argument 2: »Ich will mit meiner Aktion die Politik zum Handeln bringen.«**
Am besten überzeugt diese Argumentation, wenn ein konkreter Missstand vorliegt, der bereits in das öffentliche Bewusstsein gedrungen ist und gegen den die gewählten Politiker nichts, zu wenig oder das Falsche unternehmen. So könnten Sie beispielsweise sagen: »Jetzt wird uns im Viertel seit drei Jahren eine Kindertagesstätte versprochen, aber aus finanziellen Gründen nicht eingerichtet. Stattdessen gibt die Stadt Geld für eine Straßenverbreiterung aus. Also müssen wir jetzt auf der Straße Druck auf Gemeinderäte ausüben, damit sie andere Prioritäten setzen.«

Wenn Sie so argumentieren, wird gegen Sie manchmal ein schweres Geschütz aufgefahren: Zu viel politische Einflussnahme »von unten« sei gefährlich, weil sie die parlamentarische Demokratie ausheble. Hier sollten Sie zurückfragen, wann Bürgerproteste in der Bundesrepublik denn je demokratiebedenkliche Ausmaße angenommen haben und ob nicht die Finanzmärkte gegenwärtig viel mehr zur Entmachtung der Parlamente beitragen. Übrigens sehen viele Politiker inzwischen ein geringeres Problem in aufmüpfigen Aktivitäten der Bürger als in ihrer wachsenden Politikverdrossenheit.

**Argument 3: »Die Zivilgesellschaft stellt das demokratische Kräftegleichgewicht her.«**
Dieses Argument eignet sich vor allem, wenn Sie zivilgesellschaftliche Aktionen prinzipiell als sinnvoll und nötig

darstellen möchten und Ihre kleine Einzelaktion in diesen größeren Kontext stellen wollen. Weisen Sie auf die unterregulierte (»neoliberale«) wirtschaftliche Globalisierung hin, als deren Ergebnis sich das Kräfteverhältnis zwischen Politik und Wirtschaft, vor allem der Finanzwirtschaft, verschoben hat. Nationale Regierungen, Aufsichtsbehörden oder Gewerkschaften haben derzeit internationalen Konzernen und deren Lobby wenig entgegenzusetzen. Die seit Jahren von fast allen Politikern geforderte, aber bislang ausgebliebene effektive Regulierung der Finanzmärkte illustriert dieses Ungleichgewicht. Viele heutige Missstände wie zum Beispiel Niedriglöhne, Spekulation, Sozialabbau gehen darauf zurück.

Hier kommen die Bürger und zivilgesellschaftlichen Organisationen ins Spiel. Sie könnten die zu mächtig gewordenen Konzerne beobachten und sie, wenn nötig, durch Aktionen unter Druck setzen. Auf diese Weise wird ein Stück Kräftegleichgewicht zwischen Politik und Wirtschaft wieder hergestellt, was für das Funktionieren von Demokratien entscheidend ist. Eine mögliche Formulierung für Sie: »Ich sehe meine kleine Aktion im Rahmen vieler anderer Aktionen der Zivilgesellschaft. Die Zivilgesellschaft muss einspringen und ein Gegengewicht gegen die Übermacht der internationalen Konzerne und deren Lobby bilden, solange die Politik so schwach ist.« Zur Erläuterung könnten Sie auf den erfolgreichen Druck von NGOs wie Attac hinweisen, die sich seit Jahren für die Einführung einer Finanztransaktionssteuer einsetzt. Reklamieren Sie nichts weniger als staatstragende Funktionen für zivilgesellschaftliche Aktionen: den Erhalt des demokratischen Kräftegleichgewichtes!

**Argument 4:** »Die politischen Institutionen sind überfordert, und die Bürger vertrauen ihnen nicht mehr. Die Zivilgesellschaft muss mitregieren.«
Wir leben in politisch bewegten Zeiten. Der rasante technische Fortschritt, die starke Vernetzung durch die Globalisierung und eine unregulierte, profitgetriebene Ökonomie konfrontieren uns in kurzen Abständen mit immer neuen Problemen. Die Medien, voran das Internet, beschleunigen den Problemdruck noch. Viele sprechen von einer »Erregungsdemokratie«, die die politischen Organisationen mit ihren gewachsenen Entscheidungsstrukturen überfordert. Gleichwohl geben Politiker ihre mangelhaften Lösungen als »alternativlos« aus. Das Ergebnis ist ein gewaltiger Vertrauensverlust in Parteien, Politiker, sogar in die demokratischen Strukturen selbst. Er wird von Meinungsumfragen belegt, zeigt sich auch in sinkender Wahlbeteiligung oder im Aufkommen neuer Parteien wie der Piraten.

Im Namen der Demokratie könnten Sie Bürgerproteste begrüßen, weil sie alternative Lösungen ins Spiel bringen und die politische Partizipation wieder beleben. Eine mögliche Formulierung wäre: »Die Politik versagt angesichts der vielen Probleme. Die Zivilgesellschaft muss mitregieren, damit politische Alternativen besser berücksichtigt werden. Dazu soll meine kleine Aktion beitragen.«

**Argument 5:** »Auch das Grundgesetz sieht unter bestimmten Umständen zivilgesellschaftlichen Widerstand vor.«
Artikel 20, Absatz 4 des Grundgesetzes der Bundesrepublik Deutschland lautet: »Gegen jeden, der es unternimmt, diese Ordnung (die verfassungsmäßige, H. H.) zu beseitigen, haben alle Deutschen das Recht zum Widerstand, wenn andere Abhilfe nicht möglich ist.« Als die Mütter und Väter des Grundgesetzes 1949 dieses Recht zum Widerstand in die Ver-

fassung schrieben, standen sie unter dem Eindruck des Abbaus demokratischer Rechte im Nationalsozialismus und dessen verheerenden Folgen. Im heutigen Deutschland ist eine vergleichbare Demontage der verfassungsmäßigen Ordnung allerdings nicht zu erkennen. Auch der Halbsatz »wenn andere Abhilfen nicht möglich sind« schränkt Widerstandsaktionen unter Berufung auf Artikel 20 Grundgesetz ein. In besonderen Fällen ist der Hinweis auf Artikel 20 des Grundgesetzes aber als Hilfsargument verwendbar. Beispielsweise gegenüber sehr autoritätsorientierten Menschen, denen der Gedanke an zivilgesellschaftlichen Widerstand prinzipiell Schwierigkeiten bereitet.

Das Grundgesetz liefert einen weiteren Ansatz zur Rechtfertigung zivilgesellschaftlicher Aktionen. In Artikel 14, Absatz 2 heißt es: »Eigentum verpflichtet. Sein Gebrauch soll zugleich dem Wohle der Allgemeinheit dienen.« Dieses Verfassungsgebot ist zwar kein unmittelbar geltendes Recht und somit nicht einklagbar, aber es bietet argumentative Ansatzpunkte. Ihnen könnte ja beispielsweise, wenn Sie eine Kaufboykottaktion gegen ein Lohndumping-Unternehmen vorschlagen, entgegengehalten werden: »Unternehmen maximieren ihren Gewinn, das ist ihr gutes Recht.« Hier können Sie mit dem Gebot der Gemeinwohlbindung im Grundgesetz argumentieren. Allerdings sollten Sie Informationen bereithalten, die die Gemeinwohlverletzungen von Unternehmen konkret belegen.

## Argument 6: »Ich möchte mit meiner Aktion etwas Sand ins Getriebe streuen.«

Anlass zur Empörung bietet manchmal die ganze Richtung, in die sich die Gesellschaft zwangsläufig zu bewegen scheint. Dann könnten Bürgerproteste mit dem Ziel der Politikbeeinflussung als aussichtslos erscheinen. Was verändern Demonstrationen mit kapitalismuskritischen Parolen am System einer profitgetriebenen Wirtschaft? Oder Onlineproteste gegen die Übermacht von Datenkonzernen? In festgefahrenen Situationen ohne Aussicht auf Veränderungen kann es legitim sein, so oft wie möglich Sand ins Getriebe zu streuen, auch wenn die betreffende Einzelaktion nicht als unmittelbar zielführend begründet werden kann. Man stört dann beispielsweise die Sammlung persönlicher Daten durch Internetkonzerne, macht durch Auskunftsanträge oder Beschwerden Behörden so viel Arbeit wie möglich, raubt den Banken Zeit, indem man sich ausgiebig beraten lässt. Das Ziel, Politik zu einem bestimmten Handeln zu bringen, tritt dann in den Hintergrund, man betreibt Fundamentalwiderstand. Es ist freilich oft nicht so leicht, andere davon zu überzeugen, dass sich die gesamte gesellschaftliche Entwicklung tatsächlich auf einem schlechten Weg befindet und die Zustände nicht reformierbar sind. Man gerät leicht in die Ecke des notorischen Pessimisten, des Ideologen oder gar des Saboteurs.

**Argument 7: »Ich handle aus Überzeugung und engagiere mich, auch wenn es aussichtslos erscheint.«**
Viele Aktionen erscheinen als so illusionär, dass man sie besser nicht mit einer konkreten absehbaren Wirkung begründet. Was kann ich mit meiner Kontokündigung gegen das Treiben der Banken ausrichten? In solchen Fällen ist es manchmal überzeugender, die Aktion als Ausdruck der eigenen Persönlichkeit, als prinzipielle Gewissensangelegenheit zu rechtfertigen, egal, wie zielführend sie erscheinen mag. Sie argumentieren dann gesinnungsethisch, als Gesinnungstäter. Kriegsdienstverweigerung wurde zu Wehrpflichtzeiten auf diese Weise gerechtfertigt. Sie könnten einfach sagen: »Für mich ist es eine Frage der persönlichen

Glaubwürdigkeit, kein Konto bei einer Bank wie der Deutschen Bank zu haben.« Bekannten gegenüber müssen Sie Ihre prinzipielle ethische Betroffenheit allerdings sehr glaubwürdig darlegen. Man kennt Sie ja, moralische Hochstapelei würde sofort auffallen. Und Vorsicht: Leicht wird Ihnen unterstellt, dass Sie ein »Gutmensch« sind und sich für moralisch überlegen halten, was selten gut ankommt.

**Argument 8: »Als Christ muss ich unter bestimmten Umständen gegen Staat und Politik aufstehen.«**
Es ist nicht lange her, dass christliche Theologen staatliche Ordnung als gottgewollt dargestellt haben. Christen wurden eher zur Einhaltung von Gesetzen angehalten als zu deren aktiver Veränderung; sogar generelle politische Abstinenz konnte als gottgefällig erscheinen. Im 20. Jahrhundert sind die politischen Implikationen des Christentums stärker in den Vordergrund getreten. Auf katholischer Seite hat das Zweite Vatikanische Konzil den Einsatz für Gerechtigkeit und Frieden als wesentlichen Bestandteil der christlichen Botschaft hervorgehoben. US-amerikanische Katholiken beriefen sich darauf, als sie ab 1967 den Widerstand gegen den Vietnamkrieg organisierten, Einberufungsbescheide verbrannten oder in Rüstungsfabriken einbrachen. Die Evangelische Kirche Deutschlands (EKD) spricht in ihrer Denkschrift »Evangelische Kirche und Demokratie« von 1997 vom Recht des Gläubigen auf »demonstrative, zeichenhafte Handlungen, die bis zu Rechtsverstößen gehen können«, damit er sein Verhalten an seinem Glauben ausrichten kann. Dieses Recht wurde auch praktiziert. Christliche Laien organisierten mit Unterstützung der Amtskirchen in ihren Gemeindekirchen erfolgreich Asyl für abzuschiebende Flüchtlinge.

Heute befürworten eine Mehrzahl der christlichen Laien und viele Theologen beiderlei Konfessionen einen verhältnismäßigen und gewaltfreien zivilen Ungehorsam, sofern er von »hochstehenden sittlichen Motiven« (EKD-Denkschrift) getragen ist. Anlässe sind gravierende Verstöße gegen den Frieden, gegen die natürliche Schöpfung oder gegen die Menschenrechte, auch gegen die Tötung ungeborenen Lebens. In Deutschland sind 48 Millionen Kirchenmitglieder potentielle Aktivisten, die für Argumente zugunsten von Bürgerprotesten und sogar von zivilem Ungehorsam aufgeschlossen sein müssten! »Gott liebt die Zornigen« – das ist die Botschaft einer biblisch argumentierenden Streitschrift, die der Chef der innenpolitischen Redaktion der *Süddeutschen Zeitung*, Heribert Prantl, 2011 gegen den Finanzkapitalismus geschrieben hat.

**Argument 9: »Meine Kinder sollen mir später nicht vorwerfen, ich hätte nichts versucht.«**
Die meisten Menschen empfinden Verantwortung für ihre Kinder oder für die nachkommende Generation. Wer seine Motivation zum Protest mit solchen Verantwortungsgefühlen glaubhaft begründet, kann mit persönlicher Akzeptanz rechnen. Entsprechende Argumentationen überzeugen vor allem im Zusammenhang mit langfristig folgenreichen Entwicklungen beispielsweise im Bereich der Ökologie oder der sozialen Sicherungssysteme. Wer zu diesem Argument greift, muss die Folgen von Entwicklungen für die nachfolgende Generation allerdings gut beschreiben können, sonst gerät er leicht in ein unglaubwürdiges Licht. Die Fallhöhe ist bei dieser Argumentation hoch!

**Argument 10: »Protest macht Spaß und hilft gegen Depressionen.«**
Viele Menschen lassen sich durch moralische oder vernünftige Argumente allein kaum überzeugen. Warum Jüngere

nicht auch auf den Spaß hinweisen, den Aktionen zivilen Widerstandes machen – beispielsweise auf den Nervenkitzel im Supermarkt beim Aufkleben von Warnhinweisen oder auf das Gruppenerlebnis bei einer Demonstration? Ältere überzeugt vielleicht eher, dass Aktivitäten, die einem guten Zweck dienen, auch gut für die mentale Gesundheit sind. Demonstrieren ist sogar gut für den Kreislauf! Solche Hinweise sollten allerdings nur hilfsweise, zusätzlich verwendet werden. Ziviler Widerstand muss sich vor allem moralisch und vernünftig rechtfertigen, also durch die oben skizzierten Argumente!

# 5 Checkliste für eine verantwortungsvolle und erfolgreiche Protestaktion

Damit Ihre Aktion verantwortungsvoll und erfolgreich wird, sollten Sie die Überlegungen der vorangegangenen Kapitel berücksichtigen. Das Rezept: Eine gute Aktion des Bürgerprotests ist Ergebnis einer Abwägung von Missstand, Aufwand, Wirkung sowie Nebenwirkungen und Risiken.

1. Haben Sie sich über die Missstände informiert, die der Aktion zugrunde liegen? Haben Sie triftige Beweise parat? Das ist für die Außendarstellung Ihrer Aktion wichtig, aber auch für eventuelle rechtliche Auseinandersetzungen.
2. Sind Sie sich darüber im klaren, was Ihre Aktion bewirken soll? Welche Forderungen soll sie transportieren?
3. Stehen Anlass, Aktion und Wirkung in einem angemessenen, zu rechtfertigenden Verhältnis? Wissen Sie, welche Nebenwirkungen Ihre Aktion hat? Ob Unbeteiligte zu Schaden kommen können und wie Sie das gegebenenfalls rechtfertigen?
4. Werden Gesetze übertreten? Wenn ja, wie groß ist das juristische Risiko für Sie persönlich und für mögliche Beteiligte? Rechtfertigen Anlass und mögliche Wirkungen eine eventuelle Gesetzesverletzung?
5. Wen wollen Sie erreichen? Wie verdeutlichen Sie Ihren Adressaten den politischen Sinn der Aktion?

6. Haben Sie vor der Aktion mit anderen gesprochen? Das trägt nicht nur zur Klärung der Fragen in den Punkten eins bis fünf bei. Sie legen sich damit auch ein bisschen nach außen fest und motivieren sich selbst.
7. Bei Aktionen wie Plakatieren, Sitzblockaden, Mahnwachen und so weiter: Haben Sie die Räumlichkeiten erkundet? Wo ist öffentlicher Raum, wo sind Rückzugsmöglichkeiten?
8. Haben Sie die Aktion mediengerecht inszeniert, Presseankündigungen (Mustertext im Anhang) verschickt?
9. Haben Sie dafür gesorgt, dass die Aktion dokumentiert wird, beispielsweise durch Fotos, Videos (sofern die Beteiligten nichts dagegen haben)?
10. Nach der Aktion: Haben Sie eine Nachricht an Bekannte und Freunde gepostet oder getwittert, Medien und NGOs über den Verlauf der Aktion informiert?
11. Haben Sie Ihre Aktion auf www.anleitungen-buergerpro teste.de mitgeteilt und Ihre Erfahrungen beziehungsweise Verbesserungsvorschläge zur Diskussion gestellt? Haben Sie über weitere Aktionen nachgedacht und Ihre Ideen dort veröffentlicht?

# 6 Anleitungen zu 50 Aktionen des Bürgerprotests

Die folgenden Anleitungen enthalten keine Handlungsaufforderungen – auch wenn der Autor Partei für einen breiten Bürgerprotest ergreift, wie zahlreiche implizite oder explizite Bewertungen im Text verraten. Sie beschreiben lediglich Handlungsmöglichkeiten. Jeder Leser und jede Leserin müssen selbst entscheiden, ob sie sie in die Tat umsetzen. Jeder muss selbst abwägen, ob der jeweilige Missstand in einem angemessenen Verhältnis zum Aufwand, zur Wirkung und zu den Risiken und Nebenwirkungen steht. Auch der Spaßfaktor spielt eine legitime Rolle! Die Anleitungen sollen durch ihre steckbriefartige Gliederung diesen Abwägungsprozess erleichtern. Leichte Aktionen, die ohne großen Aufwand und ohne persönliche Risiken durchführbar sind, werden am Anfang präsentiert.

Warum gerade diese 50 Aktionen, warum nicht weitere? Die aufgeführten Aktionen sind nur eine erste Auswahl, die die Bandbreite möglicher Widerständigkeit umreißen und zum Mitmachen anregen soll. Den Leserinnen und Lesern werden sicherlich weitere Aktionen einfallen, und zweifellos sind die Aktionsbeschreibungen noch verbesserbar. Deswegen ist parallel zum Buch eine Webseite eingerichtet, auf der entsprechende Vorschläge eingebracht und zur Diskussion gestellt werden können (www.anleitungen-buergerproteste.de). Schicken Sie der Webseite Ideen zu neuen Aktionen! Melden Sie es dort, wenn Sie eine Aktion unternommen haben, welche Erfahrungen Sie dabei gemacht haben und welche Verbesserungsvorschläge Sie haben! Ihr Feedback wird in regelmäßigen Abständen in die E-Book-Version des Buches eingearbeitet, so dass ein lernendes System von Theorie und Praxis der Bürgerproteste entsteht.

Zivilgesellschaftliche Aktionen sind als permanenter Lernprozess zu konzipieren, vor allem auch deshalb, weil die Angegriffenen reagieren werden. Beispielsweise würde eine massenhafte politisch motivierte Rückgabe von onlinebestellten Waren vermutlich zur gesetzlichen Einschränkung dieses Rechtes führen. Die Aktionsanleitungen sind unter diesem Vorbehalt zu lesen und verlangen einen selbständig urteilenden Akteur. In der jetzigen Form passen sie zu den politischen und juristischen Rahmenbedingungen, wie sie Anfang 2013 in Deutschland herrschten.

In den Aktionsanleitungen wird den Akteuren ein gewisser Informations- und Kommunikationsaufwand abverlangt. Rudimentäre Fähigkeiten des Lesers zur Benutzung von Suchfunktionen im Internet und zur Verschickung von Sammelmails werden vorausgesetzt. Der Zugang zu sozialen Netzwerken wie Facebook, Twitter, Google+ ist für die Verbreitung des eigenen Protests zweifellos nützlich. Wer sich sozialen Netzwerken verschließt (dafür gibt es gute Gründe), sollte zumindest zwei E-Mail-Sammeladressen anlegen: eine für Bekannte, denen er seine Protestaktion mitteilen und die er zum Mitmachen motivieren möchte; eine andere für thematisch relevante Organisationen mit Bitte um Weiterleitung an ihre Mitglieder. Wer auch das Internet nicht benutzt, muss sich wohl oder übel eine Liste mit Telefonnummern von Personen und Organisationen anlegen, die er bei Aktionen informiert und um Unterstützung bittet. Zur eigenen Information wäre er auf Printmedien beschränkt, von denen es allerdings zahlreiche gibt (vergleiche Seite 226 ff.).

## Aktion 1: Zum Aufwärmen: Wechseln Sie zu einem nachhaltigen Stromanbieter!

*Anlass:* Der Strommarkt in Deutschland wird von vier großen Stromanbietern beherrscht: Eon, Vattenfall, RWE und EnBW. Dieses Oligopol trägt nicht nur dazu bei, dass die Strompreise hierzulande seit langem (auch schon vor dem Energieeinspeisungsgesetz und der Energiewende) deutlich höher sind als in anderen vergleichbaren Ländern. Es besteht der dringende Verdacht, dass die vier Konzerne ihre Marktmacht nutzen, um die politisch beschlossene Energiewende zu hintertreiben. Wollen Sie das hinnehmen?

*Aktion:* Gehen Sie auf die Webseite www.atomausstieg-selbst-machen.de. Dort finden Sie alle nötigen Informationen über echte Ökostromanbieter, die unabhängig von den großen Stromversorgern arbeiten. Leider ist der Begriff »Ökostrom« nicht gesetzlich definiert, und dem Strom sieht man es nicht an, wie grün er ist. Auch traditionelle Stromhersteller bieten nämlich Ökostrom an (zum Teil auch über anscheinend unabhängige Tochterfirmen), dessen Herkunft nicht immer leicht durchschaubar ist. Manchmal ist er ein Mix aus regenerativen und alten Stromquellen wie Kohle oder Atomkraft. Beachten Sie also neben den Lieferbedingungen und den Preisen auch die garantierte Herkunft Ihres neuen Stroms. Zertifizierten, das heißt auf seine Nachhaltigkeit von TÜV und Stiftung Warentest geprüften Strom gibt es unter anderen von der Naturstrom AG, der Lichtblick GmbH, dem Elektrizitätswerk Schönau und von Greenpeace Energy.

Wenn Sie einen neuen Stromanbieter gefunden haben, führt Sie ein Klick zum Anmeldeformular. Der neue Stromanbieter übernimmt für Sie die ganze Kündigungsprozedur – leichter kann man kaum etwas Gutes für die Umwelt unternehmen! Mit einem Wechsel werden Sie nicht allein sein: 24 Prozent der Deutschen erwägen nach einer Umfrage des ZDF-Politbarometers im November 2012 einen Umstieg zu Ökostromanbietern.

*Wirkung:* Die landläufige Vorstellung, dass Sie nun Strom beziehen, der direkt aus einer regenerierbaren Quelle wie Wasser, Wind oder Sonne stammt, ist falsch. Entscheidend ist etwas anderes: Sie zahlen Ihre Stromrechnung nun an einen Unternehmer, der das Geld in erneuerbare Energiequellen investiert. So steigt der Anteil »grünen« Stroms am Gesamtstrom, und Sie leisten Ihren kleinen Beitrag zum Umweltschutz. Außerdem schwächen Sie die Marktmacht der großen Stromkonzerne, die vor allem am Weiterbetrieb ihrer Kohle- und Kernkraftwerke interessiert sind und erst in zweiter Linie – wenn überhaupt – an der Energiewende!

Für viele wird ein Wechsel des Stromanbieters auch ein Einstieg in zivilgesellschaftliche Aktionen sein. Verbreiten Sie die Botschaft über Ihren Umstieg im Bekanntenkreis, um sich auf diesem Weg zu binden und zu bestärken!

*Aufwand:* Gering. Ein Wechsel zu einem nachhaltigeren und energiepolitisch akzeptableren Stromanbieter ist so leicht zu bewerkstelligen und obendrein so marktkonform, dass man fast nicht von einer widerständigen Aktion sprechen möchte. 2012 machte eine Verordnung des Bundes den

Wechsel noch einmal leichter, da die Kündigungsfrist von vier auf zwei Wochen herabgesetzt wurde. Auch an der Stromablesung ändert sich nichts, der örtliche Netzbetreiber übernimmt sie weiterhin. Der Wechsel muss nicht unbedingt teurer kommen. Ökostromanbieter liegen inzwischen etwa in derselben Preisklasse wie die großen Stromanbieter.

*Risiken:* Null. Ihre Versorgungssicherheit ist selbst für den Fall garantiert, dass ein Ökostromanbieter pleite geht (was bei den oben genannten Ökostromanbietern unwahrscheinlich ist) oder wenn er aus technischen Gründen keinen Strom liefert. Das Energieversorgungsgesetz verpflichtet andere Stromanbieter notfalls einzuspringen.

*Spaßfaktor:* Nicht übermäßig. Eine gewisse Zufriedenheit, wenigstens ein bisschen für die Umwelt getan zu haben, stellt sich schon ein. Und man kann Bekannte mit gutem Gewissen fragen: »Was, du hast noch keinen Ökostrom, ist doch ganz leicht ...«

## Aktion 2: Per Mausklick demonstrieren: Onlineproteste unterschreiben

*Anlass:* Aktuell aufkommende Missstände aller Art, vor allem solche in politischer Verantwortung: Da soll ein Großprojekt trotz immenser Kostensteigerungen weitergebaut werden, will eine Kommune in undurchsichtigen Verträgen seine Wasserversorgung einem amerikanischen Konzern übertragen, plant das Bundeswirtschaftsministerium, den Export von Waffen an arabische Despoten zu erleichtern –

und Sie denken: Das muss man doch verhindern, da kann man doch nicht bis zur nächsten Wahl warten!

☑ *Aktion:* Zivilgesellschaftliche Organisationen wie Campact, Attac, Greenpeace, Urgewald, LobbyControl, Erklärung von Bern, MultiWatch oder Avaaz und change.org (zu letzteren siehe weiter unten) stellen zu aktuellen Missständen sehr rasch Protestaufrufe ins Netz. Bewegung.taz und Greenaction informieren Sie über zahlreiche spezielle Protestaufrufe auch kleinerer Gruppen. Sie brauchen auf diesen verschiedenen Plattformen nur Name und Adresse in ein Formular einzugeben und auf »Senden« zu klicken. Danach erhalten Sie eine Bestätigung, die Sie Ihrerseits bestätigen müssen. Nach der Absendung den Protestaufruf gleich an Freunde weiterleiten mit dem Kommentar »Habe gerade unterschrieben, solltet ihr auch tun ...«!

💣 *Wirkung:* Die »Kraft des Klicks« ist inzwischen zu einem politischen Einflussfaktor geworden. Der Gründer des amerikanischen sozialen Netzwerkes change.org, Ben Rattray, wurde von der *Time* 2012 zu »einem der einflussreichsten Menschen der Welt« gekürt. Dieser Einfluss hängt aber entscheidend davon ab, dass es nicht nur bei Unterschriften bleibt. Die Klicks müssen in die reale politische Welt eingespeist werden. Politiker müssen an Hand der Protestaufrufe mithilfe weiterer Öffentlichkeitsarbeit unter Druck gesetzt, ihre Antworten kritisch weiterverfolgt werden. Die amerikanischen Plattformen change.org und Avaaz beeindrucken zwar mit hohen internationalen Unterschreiberzahlen, stehen aber im Ruf, zu wenig für die politische Promotion ihrer Aufrufe zu tun. Die deutsche Plattform Campact mobilisiert ebenfalls viele Unterschreiber (nach Eigendarstellung bisher 824 000) und hat Unterschriften bisher verlässlich in den politischen Prozess eingespeist. Sie organisiert oft begleitende Proteste auf der Straße.

Protestaufrufe zeigen oft rasch Wirkung: So zog die Familienministerin Ursula von der Leyen 2011 geplante Netzsperren von Kinderpornoseiten schon nach zwei Tagen zurück, als sich im Internet ein Entrüstungssturm erhob. Die Protestierenden nahmen nicht etwa Kinderschänder in Schutz, sondern befürchteten einen Präzedenzfall zur Einschränkung der Meinungsfreiheit im Netz. Auch Konzernen sind Onlineproteste nicht gleichgültig, wenn sie um ihren Ruf und damit um Absatzchancen fürchten müssen. Nach einer Protestkampagne von Greenpeace Schweiz im Jahre 2012 mit 200 000 Unterschriften gab die Modekette Levi's nach und kündigte an, die Verschmutzungsdaten seiner 40 größten Lieferanten offenzulegen und auf zwei gefährliche Chemikalien bei der Herstellung zu verzichten.

Noch stärker wirken Onlineproteste, wenn sie von Demonstrationen auf der Straße begleitet sind. Das musste im Februar 2012 die Bundesregierung erfahren und die geplante Ratifizierung des internationalen Antipiraterie-Abkommens ACTA stoppen. Was dabei auf das Konto der Internetunterschriften und was auf den Druck durch gleichzeitige Demonstrationen ging, ist schwer auseinanderzuhalten. Aber das Internet ist zweifellos ein entscheidender Faktor, vor allem weil der mediale Aufschrei sehr schnell erfolgen kann.

Ein Problem sind die zahlreichen Protestaufrufe kleiner Gruppen. Sie verpuffen, wenn sie nicht gebündelt werden, was Organisationen wie bewegung.taz oder greenaction tun. Ein anderes Problem: Oft fehlen in den Plattformen detailliertere Informationen über die Missstände, gegen die protestiert werden soll. Einen solchen uninformierten Protest werden die Adressaten weniger ernst nehmen. Aber selbst wenn Informationen zur Verfügung gestellt werden (vorbildlich in dieser Hinsicht sind die Erklärung von Bern, »EvB«, Urgewald, LobbyControl), lesen viele Klicker sie nicht und unterschreiben aus dem Bauch heraus.

*Aufwand:* Die angebotenen Infos über die Missstände zu lesen ist ein zumutbarer Aufwand. Das Unterzeichnen selbst geht schnell, fast zu schnell, daher der »Klickismus«- oder »Sofaklicker«-Vorwurf.

*Risiken:* Ziemlich risikolos, aber nicht völlig. Sie geben Ihren Namen und Ihre Adresse samt persönlicher Meinung preis, die bei den Adressaten landen. Diese können die Informationen aufbereiten und weiterverwenden, beispielsweise indem sie Ihnen unerwünschte Mails, Post, Angebote schicken. Kommerzielle soziale Medien wie Facebook, Google oder change.org handeln mit Ihren Daten und geben das auch offen zu. Übrigens auch ein Grund, mit dem »Gefällt mir!«-Button sparsam umzugehen!

*Spaßfaktor:* Das Gefühl, mit seiner Unterschrift wenigstens ein bisschen gegen Missstände in der Welt getan zu haben, ist ganz nett, ist auf jeden Fall besser, als einen »Gefällt mir!«-Button gedrückt zu haben. Wenn dann auf manchen Webseiten Ihr Name als neuester Unterzeichner erscheint, schmeichelt das ein bisschen; gleichzeitig signalisieren die eingeblendeten Zahlen der gesammelten Unterschriften, dass man eben nur einer unter 45 673 ist. Und es bleibt das nagende Gefühl, dass man eigentlich mehr tun sollte.

## Aktion 3: Verwischen Sie Ihre Surfspuren beim Googeln

*Anlass:* Wir alle können uns ein Leben ohne Googles Suchdienste fast nicht mehr vorstellen. Der Nebeneffekt: Wenn Sie auf Google (wie auch auf Facebook oder anderen sozialen Netzwerken) unterwegs sind, hinterlassen Sie Spuren. Google speichert, für welche Themen Sie sich wann und von wo aus interessiert haben und welche Informationen Sie bekommen haben. Wenn Sie einen Account haben, kennt Google Ihren Namen, Ihre Mail-Adresse, Telefonnummer (und damit den Wohnort) und oft Ihre Kreditkartennummer. Alle diese Daten werden untereinander verknüpft – auch unter Einbeziehung Ihrer Beiträge im sozialen Netzwerk Google+. Es entsteht ein Profil Ihrer Person. Google sichert zwar zu, personenbezogene Daten nicht an Dritte weiterzugeben, mit Ausnahme von »vernünftigerweise notwendigen Fällen« wie zur Aufklärung von Kriminalität und auch zum »Schutz der Rechte von Google vor Schaden«. Nicht personenbezogene Daten hingegen werden ganz offiziell an Kunden wie Verlage, Werbefirmen und so weiter verkauft. Sie merken es, wenn beim Googeln verdächtig viele auf Sie zugeschnittene Anzeigen erscheinen.

Unter dem Druck nationaler und europäischer Datenschutzauflagen hat Google inzwischen etwas nachgegeben. Es lässt zu, dass Sie auf Ihrem Google-Account gespeicherte Daten löschen und weitere Speicherungen unterbinden. Was aber ist mit den Surfspuren, die Sie beim täglichen Benutzen von Google als Suchmaschine hinterlassen?

*Aktion:* Am einfachsten ist es, auf Google als Suchmaschine ganz zu verzichten, denn es gibt datenschutzfreundlichere Alternativen. Einmal die amerikanische Suchmaschine Duckduckgo. Sie sammelt keine Daten von Ihnen und finanziert sich über sauber getrennte und sparsame Werbung. Die Suchleistung ist nach Meinung von Fachleuten ebenso gut wie die von Google, und seit Google offiziell seine Datenweitergabe zugegeben hat, erfreut sich Duckduckgo wachsender Beliebtheit. Die Suchergebnisse werden in einer etwas anderen Reihenfolge präsentiert als bei Google. Duckduckgo liefert Ihnen keine auf Ihr Suchverhalten zugeschnittenen Webseiten, was aber auch Vorteile hat – Sie bekommen nicht nur das zuerst, was in Ihren Erwartungshorizont passt. Auch bei der Bedienung hat Duckduckgo praktische Vorteile. Tipp: Stellen Sie bei Aufruf von www.duckduckgo.com unter »Region« Deutschland ein!

Die zweite Möglichkeit ist die niederländische Ixquick (www.ixquick.com), die sich rühmt, die »diskreteste« und »leistungsstärkste« Suchmaschine der Welt zu sein. Sie speichert Ihre IP-Adresse nicht, so dass Informationen über Ihr Suchverhalten nicht zuordenbar sind. Die Finanzierung kommt wie bei Duckduckgo über Anzeigen zustande. Der europäische Datenschutzbeauftragte hat Ixquick zertifiziert.

Falls Sie auf Googles Dienste nicht verzichten wollen, könnten Sie Ihren Browser (das Programm, das Surfen im Internet ermöglicht) austauschen. Laden Sie sich unter www.srware.net den Browser »Iron« herunter und benutzen Sie ihn, wenn Sie künftig im Internet surfen. Er bietet dieselben Funktionen wie Googles Browser »Chrome«, unterdrückt aber die Übermittlung Ihrer persönlichen Daten an Google. Wenn Sie einen Apple-Rechner besitzen, könnte es dabei aber Probleme geben.

Viele besitzen einen eigenen Google-Account (samt E-Mail-Adresse und Passwort) und möchten vielleicht auch die dort hinterlassenen Spuren löschen. Gehen Sie dazu auf www.google.com/history. Nach Eingabe Ihres Passworts finden Sie eine Liste mit allen Suchvorgängen, die Sie bisher getätigt haben. Nun haben Sie die Möglichkeit, unter »Webprotokoll Hilfe« und unter »Webprotokoll löschen« alle oder einzelne Einträge auf dieser Liste zu löschen. Ferner, noch wichtiger, können Sie unter »Webprotokoll deaktivieren« die weitere Speicherung Ihres Surfverhaltens durch Google generell unterbinden oder auch nur teilweise, also bezogen auf einzelne Webseiten. Und wenn Sie schon dabei sind: Auf ähnliche Weise können Sie auch die Spuren löschen, die Sie auf Youtube hinterlassen haben (über www.youtube.com/my_history?authuser=0).

Bei Facebook oder Twitter gespeicherte Daten kann man leider nicht sicher löschen, obwohl es noch nötiger wäre, hinterlässt man hier doch viel mehr und viel intimere Spuren. Facebook hat sogar damit begonnen, von jedem Teilnehmer »Lebensarchive« anzulegen! Man müsste sein Konto völlig aufgeben, was angesichts der unbestreitbaren Vorteile der Dienste von Facebook und Twitter für Bürgerproteste überlegt sein will. Außerdem soll der Löschvorgang bis zu neun Monate dauern. Allerdings könnte auf Grund aktueller Klagen gegen Facebook in Sachen Datenkontrolle schon bald eine neue Situation eintreten. Auch die EU arbeitet an einer neuen Verordnung zum Datenschutz.

💣 *Wirkung:* Alle Maßnahmen gegen die Speicherung des Surfverhaltens sind ein Akt der persönlichen wie der öffentlichen Datenhygiene. Sie schützen nicht nur Ihre Privatsphäre, sondern Sie signalisieren auch Google, anderen Datenkraken und den Datenschutzpolitikern, dass der gläserne Bürger auf Ablehnung stößt. Darüber hinaus stören Sie den ganzen Betrieb der Datensammlung – wenigstens ein bisschen.

Wenn nun viele User die Geschäfte Googles mit Daten beeinträchtigen, gefährden sie dadurch nicht die kostenlosen Dienste von Google? Wird Google früher oder später nicht ein anderes, gebührenfinanziertes Geschäftsmodell einführen? Aus dem Hause Google hört man hin und wieder solche Überlegungen. Ob und wann Google sie wahrmachen kann, hängt von der Konkurrenzsituation unter den Internetdiensten ab. Zweifellos würde die Einführung von Gebühren einen »Shitstorm« in der Internetcommunity hervorrufen, wie ihn Google bislang vermieden hat.

*Aufwand:* Die Aktionen sind in wenigen Minuten getan, lediglich die Einrichtung eines neuen Browsers kostet etwas mehr Zeit.

*Risiken:* Bei Wahl von Duckduckgo oder Ixquick keine. Wenn Sie Ihre persönlichen Daten in Ihrem Google-Account löschen und die weitere Speicherung deaktivieren, registriert Google Ihre Widerspenstigkeit natürlich. Müssen Sie befürchten, dass Google daraufhin seinen Service für Sie einschränkt? In seinen Nutzungsbedingungen schließt Google das nicht explizit aus. Bisher sind noch keine Fälle einer Einschränkung bekannt geworden.

*Spaßfaktor:* Es wird Sie freuen, dem Giganten Google ein Schnippchen geschlagen zu haben. Ixquick erinnert Sie bei jedem Aufruf daran durch sein selbstbewusstes Banner »Diskreteste Suchmaschine der Welt«.

## Aktion 4: Nutzen Sie ausgiebig Beschwerdemöglichkeiten

*Anlass:* Immer, wenn das konkrete Handeln einer Institution zu kritisieren ist. Beispielsweise, wenn Sie oder andere auf einer Behörde schlecht oder gar gesetzeswidrig behandelt werden; wenn Sie einen unausgewogenen oder rassistischen Zeitungsartikel lesen; wenn Sie hören, wie ein Polizeibeamter mit einem Mitbürger ausländischer Herkunft in beleidigendem Tonfall spricht; wenn Sie durch unerwünschte Telefonwerbung belästigt werden; wenn der Service einer Firma nachlässig ist – die Deutsche Bahn beispielsweise liefert hier immer wieder Anlässe; wenn eine Firma Vorschriften des Arbeitsrechts oder des Umweltschutzes nicht einhält.

Die Beschwerdebereitschaft in Deutschland wächst. Auf www.reclabox.com finden Sie viele Beispiele und eine Statistik aktueller Beschwerden gegenüber öffentlichen wie privaten Institutionen. Anlässe waren 2012 vor allem die verschleppte Behandlung von Anliegen und zu lange Wartezeiten. Im Umgang mit solchen Standardbeschwerden haben Institutionen Standardmethoden entwickelt. Sie würden mit einer weiteren ähnlichen Beschwerde also nicht besonders viel Druck erzeugen. Es ist sinnvoller, sich über Missstände zu beschweren, die neu und mit politischer Relevanz aufladbar sind.

*Aktion:* Wenn Sie gegen konkrete Entscheidungen oder Verhaltensweisen einer Amtsperson vorgehen wollen, ist die Dienstaufsichtsbeschwerde der beste Weg. Sie kann in Form eines Briefs oder einer E-Mail an die Adresse der Behörde geschickt werden (Mustertext im Anhang).

Führen Sie Zeit und Ort, Beteiligte, Vorgang und den Grund der Beanstandung auf; dazu kann man Forderungen stellen, zum Beispiel eine Handlung bis zu einem bestimmten Termin auszuführen. Bequemer ist die Benutzung von Beschwerdeformularen, die viele Behörden auf ihren Webseiten zur Verfügung stellen. Falls die Beanstandung nicht das Verhalten einer Amtsperson, sondern die Institution selbst betrifft (zum Beispiel eine Gebührenordnung), könnte auch eine Fachaufsichtsbeschwerde an die vorgesetzte Behörde geschickt werden. Behördenintern existieren manchmal Konflikte, die einer solchen Beschwerde besondere Erfolgschancen geben.

Wenn Sie sich über ein Unternehmen beschweren wollen: Fast alle großen Firmen haben inzwischen Facebook-Seiten. Posten Sie Ihren Ärger hier, vielleicht finden Sie Zustimmung von anderen, entfachen auf diese Weise sogar einen kleinen »Shitstorm«! Als sich 2012 ein Kunde auf der Facebook-Seite von Vodafone über die schleppende Korrektur eines Abbuchungsfehlers beklagte, kam es zu ungefähr 6 000 Kommentaren!

Neben dem persönlichen Brief oder der E-Mail oder dem Fax gibt es Internetportale, in die Sie Ihre Beschwerde einstellen können; diese leiten sie dann an den richtigen Empfänger weiter:

- www.reclabox.com an private wie öffentliche Institutionen
- www.programmbeschwerde.de der Landesmedienanstalten sowie an private und öffentliche Medien
- www.presserat.info an Printmedien samt ihren Onlineausgaben
- www.wettbewerbszentrale.de und www.vzb.de der Verbraucherzentralen bei unerwünschter Werbung an Firmen

- www.werberat.de bei sexistischer, rassistischer oder auch nur irreführender Werbung

💣 *Wirkung:* Eine verbreitete Bereitschaft, sich sachlich zu beschweren, hätte allgemeine präventive Wirkung. Mächtige Institutionen würden mit Bürgern rücksichtsvoller umgehen, Amtspersonen sich korrekter verhalten. Beschwerdekultur trägt zum Kräftegleichgewicht zwischen Wirtschaft, Staat und Bürger bei.

Wird auch der konkrete Anlass für eine Beschwerde beseitigt? Behörden müssen Ihrer Beschwerde nachgehen. Wenn es sich nicht um bekannte Missstände handelt und Sie Ihre Beschwerde sachlich vorbringen, wird die Behörde das auch in der Regel tun. Auf jeden Fall verursachen Beschwerden Arbeit. Antwortbriefe müssen geschrieben, Protokolle und Aktenvermerke verfasst werden, in kniffligeren Fällen sind Besprechungen nötig. Häufige Beschwerden setzen eine Behörde unter Rechtfertigungsdruck, vor allem wenn sie nicht das Fehlverhalten einer Amtsperson, sondern Grundsätzliches kritisieren. Der Deutsche Werberat erreichte 2011 immerhin bei 80 von 262 beanstandeten Werbemaßnahmen eine Einstellung oder Änderung.

Einige Unternehmen, beispielsweise H&M, sind in Verdacht geraten, allzu nachteilige Kritik von ihren Facebook-Seiten entfernt zu haben. Unternehmen können Ihre Beschwerde theoretisch ignorieren. Große Firmen tun es meistens nicht, weil sie Beschwerden als Marketingchance begreifen, etwa als Chance für Kundenkontakte und für die Imagepflege. Sie gehen dann mit positiver Attitude auf Kundenbeschwerden ein. Die Hermes Logistik beispielsweise rühmt sich, dass im Jahre 2012 von 2 631 eingegangenen Beschwerden 1 785 »gelöst« wurden. Ob der Missstand dabei tatsächlich abgestellt wurde, ist oft nicht genau nachvollziehbar. Unternehmen reagieren hier vermutlich ebenso verschleiernd wie bei Vorwürfen im Rahmen von Boykottkampagnen. Übrigens: Auch ein Brief an den Vorstand kann Wunder wirken! Kritik von außen wird in einer Firma auch für die innerbetriebliche Auseinandersetzung verwendet und kann so wirksam werden.

Würden wir bei einer verbreiteten Bereitschaft zur Beschwerde zu einem Volk der Nörgler und Rechthaber? Nicht, wenn man einige Regeln beherzigt: keine Beschwerden über »kleine« Mitarbeiter, die für strukturelle Missstände ihrer Institution nicht verantwortlich sind! Möglichst Anlässe wählen, die politische Bedeutung erlangen können! Sattsam bekannte Vorwürfe meiden!

*Aufwand:* Erträglich. Musterbeschwerdebriefe und Internetformulare erleichtern die Aktion auch für Formulierungsfaule.

*Risiken:* Keine, es sei denn, Sie beschweren sich bei einer Stelle öfters. Dann könnte man Sie als notorischen Nörgler abstempeln und Sie möglicherweise weniger entgegenkommend behandeln.

*Spaßfaktor:* Sich beschweren führt Ärger ab. Allerdings gerät man beim Formulieren und Erinnern des Hergangs manchmal erneut in Rage.

## Aktion 5: Durch Petitionen ein bisschen mitregieren

*Anlass:* Immer wenn man Volksvertretungen (auf der Ebene von EU, Bund, Ländern oder Kommunen) oder Behörden (bis hinunter zu lokalen Behörden) veranlassen will, Missstände zu beseitigen. Durch Anträge und Petitionen können Sie – zumindest theoretisch – ein kleines bisschen mitregieren, sogar Gesetze auf den Weg bringen oder verändern! 2011 forderten die meisten der an den Petitionsausschuss des Deutschen Bundestages gerichteten Sammelpetitionen, den Flächenverbrauch zu senken (212 292 Unterschriften), gefolgt von den Zielen, einheitliche Finanzierungsgrenzen für den ärztlichen Behandlungsaufwand einzuführen (169 292 Unterschriften) und gentechnisch veränderte Pflanzen zu verbieten (105 229 Unterschriften). Petitionen sind nach Artikel 17 des Grundgesetzes Grundrecht; auch das europäische Recht sieht Petitionen an das Europaparlament vor.

*Aktion:* Die Petitionsausschüsse des Deutschen Bundestages und der Länderparlamente veröffentlichen auf ihren Webseiten aktuelle Petitionen. Derzeit laufen fast 50 zu Themen von allgemeinem Interesse (https://epetitionen.bundestag.de), die Sie sofort mitunterzeichnen könnten. Sie müssen dazu Namen, Adresse oder E-Mail angeben, auch damit man Sie über den Stand der Bearbeitung sowie über das Ergebnis informieren kann. Auch auf den Webseiten von zivilgesellschaftlichen Organisationen wie Avaaz, Attac, Greenpeace, Erklärung von Bern oder Campact (vergleiche Anhang 1) finden Sie neben Protestaufrufen immer wieder als Petition formulierte Aufrufe zu vielen aktuellen Problemen. Die aufrufende Organisation leitet die Petitionen nach

Ablauf der Unterzeichnungsfrist an die Entscheidungsträger weiter, zum Beispiel an einen Minister, an den Bundestag oder an Länder- oder Gemeindevertretungen. Zivilgesellschaftliche Organisationen bereiten bisweilen Bürgerbegehren vor, die wie Petitionen oft Gesetzesveränderungen zum Ziel haben. Hier kann man ebenfalls unterschreiben und de facto ein bisschen mitregieren. Ist ein Bürgerbegehren über alle Stufen erfolgreich, wird es Gesetz – auch gegen den Willen der Politiker.

Manchmal finden Sie zu einem Thema, das Ihnen am Herzen liegt, keinen vorformulierten Petitionsaufruf. Dann müssen Sie selbst einen Text aufsetzen und ins Internet stellen in der Hoffnung, dass sich Mitunterzeichner finden. Dabei hilft Ihnen eine Onlineplattform von Avaaz (www.avaaz.org/de/petition/start_a_petition/) oder www.Petitionen24.com. Auch auf der Webseite der verschiedenen Petitionsausschüsse können Sie eigene Petitionsaufrufe veröffentlichen. In einigen Kommunen kann man darüber hinaus über kooperationsbereite Gemeinderäte Anträge einreichen und zur Abstimmung stellen.

💣 *Wirkung:* Erfolgsaussichten sind vorhanden, wenn auch begrenzt. 2011 wurde laut Jahresbericht des Petitionsausschusses sechs Prozent der 16 486 Petitionen an den Deutschen Bundestag nach parlamentarischer Beratung »entsprochen«, 34 Prozent galten als ohne parlamentarische Behandlung (durch Beratung, Information und so weiter) »erledigt«. 33 Prozent wurde »nicht entsprochen«, die übrigen an andere Instanzen weitergegeben oder als »verworren« nicht behandelt. Auch wenn Ihre Petition auf der Webseite des Petitionsausschusses veröffentlicht wird und sich der Petitionsausschuss der 50 Millionen Klicks rühmt, die auf seiner Webseite 2012 gezählt wurden, Massenaufmerksamkeit werden Sie mit Ihrer Petition nicht erzielen. Der Petitionsausschuss des Deutschen Bundestages wurde wiederholt kritisiert, er betreibe zu wenig Öffentlichkeitsarbeit und halte dadurch brisante Themen von den Bürgern und vom Bundestag fern. Die Kritik, Petitionen seien Beschäftigungstherapie für politisch Engagierte, dürfte eher für »große« Themen zutreffen, weniger für Detailvorschläge.

*Aufwand:* Gering, falls Sie einen vorformulierten Petitionsaufruf unterschreiben, etwas mehr, wenn Sie Ihren eigenen Text formulieren.

*Risiken:* Keine.

*Spaßfaktor:* Wie beim Unterschreiben von Protestaufrufen. Man fühlt sich nicht sehr aufsässig, da man institutionell angepasst handelt.

## Aktion 6: Nerven Sie datensammelwütige Firmen durch Selbstauskünfte

*Anlass:* Täglich hinterlassen wir bei privaten Unternehmen persönliche Daten: beim Telefonieren mit dem Handy, beim Bezahlen mit der Kreditkarte, beim Bestellen im Versandhaus oder bei eBay oder Amazon, beim Surfen im Internet, beim Chatten in sozialen Netzwerken, selbst beim Lesen von E-Books. Google, Amazon und Facebook oder die Telekom bekommen mit, was Sie lesen, welche Musik Sie hören, mit wem Sie über was kommunizieren, selbst, wo Sie das tun! Viele Unternehmen sammeln diese

Daten, einige legen Kundenprofile an und verkaufen die Informationen weiter. Nicht nur die Privatsphäre des einzelnen ist bedroht. Die Bürgerinnen und Bürger in ihrer Gesamtheit werden »gläserner« und damit kontrollierbarer, manipulierbarer. Das informationelle Kräftegleichgewicht wird zugunsten der Wirtschaft verschoben. Dagegen hilft persönliche Datenhygiene – aber auch nur begrenzt, denn an der Internetnutzung kommt heute keiner vorbei. Sie können die Datensammlungswut der Unternehmen aber etwas stören, indem Sie ausgiebig von Ihren Auskunftsrechten Gebrauch machen.

☑ *Aktion:* Gehen Sie auf www.selbstauskunft.net, eine von einem datenschutzengagierten Internetunternehmer betriebene Webseite. Dort finden Sie derzeit 568 Unternehmen, von denen Sie Auskunft über die über Sie gespeicherten Informationen verlangen können. Dazu haben Sie nach Paragraph 14 I, IV des Bundesdatenschutzgesetzes einmal im Jahr das Recht. Die Webseite stellt Ihnen ein Formular zur Verfügung, auf dem Sie die Unternehmen auswählen oder als Gruppe markieren können (zum Beispiel die Liste »empfohlene Unternehmen«, die die großen Datensammler und -händler umfasst). Selbstauskunft.net schickt dann Ihren Antrag kostenlos an diese Firmen weiter. Die Firmen müssen Ihnen nun per Post antworten – hierin liegt der diskrete Charme der Aktion.

💣 *Wirkung:* Bis Ende 2012 kam es über selbstauskunft.de zu 713 944 Anfragen. Bei den angeschriebenen Unternehmen entsteht Arbeits- und Portoaufwand, eine große Anfragenkampagne wird jedes Unternehmen zu vermeiden suchen. Ihr Interesse an Ihren Daten wird zu einer größeren Sensibilität der Branche im Umgang mit Daten beitragen. In jedem Fall streuen Sie etwas Sand ins Getriebe der Datenkraken. Ein kleiner Nebeneffekt: Man kann nach Erhalt der Auskünfte eine Korrektur falscher und vielleicht schädlicher Daten (zum Beispiel für Kreditangelegenheiten) veranlassen. Vielleicht sind Datenkraken aber auch nicht unglücklich über eine solche kostenlose Erneuerung ihrer Datenbestände!

*Aufwand:* Gering. Die Aktion ist mithilfe von selbstauskunft.net binnen fünf Minuten durchgeführt, egal von wie vielen Unternehmen man Auskunft verlangt. Der größte Aufwand kommt mit dem Lesen der schriftlichen Antworten der Unternehmen.

*Risiken:* Bisher sind keine Nachteile bekannt geworden. Sie müssen bei selbstauskunft.net zwar Namen, Adresse und Geburtsdatum angeben, man sichert Ihnen aber zu, diese Daten nicht für Werbezwecke zu verwenden oder weiterzugeben. Der Bundesverband der Verbraucherzentralen empfiehlt die Nutzung des Services.

*Spaßfaktor:* Man ist gespannt, was andere über einen wissen.

## Aktion 7: Treten Sie NGOs wie Attac oder Greenpeace bei oder spenden Sie an sie

*Anlass:* Kein besonderer. Für kritische Bürgerinnen und Bürger sollte es selbstverständlich sein, wenigstens in einer NGO wie Attac, Amnesty International, LobbyControl, Foodwatch, Bund Naturschutz, Verbraucherschutzverbände,

Greenpeace, Robinwood und anderen (siehe Anhang 1) Mitglied zu sein oder sie zumindest finanziell zu fördern. Denken Sie auch an die Gewerkschaften, die man als eine Art NGO für Arbeitnehmerinteressen betrachten kann. Mit einer Mitgliedschaft gehen Sie nicht unbedingt die Pflicht zur aktiven Mitarbeit ein. Wenn Ihnen auch eine passive Mitgliedschaft zu viel sein sollte: Mit einer Spende unterstützen Sie die Arbeit von NGOs ebenfalls.

☑ *Aktion:* Von der Couch aus durchführbar! Gehen Sie auf die Webseite der Organisation, dort finden Sie unter Suchwörtern wie »Mitgliedschaft« und »Spenden« alles Weitere. Einige Organisationen wie zum Beispiel LobbyControl sehen lediglich eine Fördermitgliedschaft vor, Greenpeace nicht einmal das (dort können Sie normalerweise nur spenden oder sich an Aktionen beteiligen). Je nach NGO werden Sie Mitglied einer lokalen oder einer bundesweiten Organisation.

💣 *Wirkung:* Schon durch die bloße Mitgliedschaft stärken Sie den Kampf der NGOs gegen wirtschaftliche, politische oder soziale Missstände! Je mehr Mitglieder und Mittel NGOs haben, desto besser können sie politisch Einfluss nehmen. Mit Ihrer Mitgliedschaft tragen Sie dazu bei, dass auch die Umwelt, die Menschenrechte und die soziale Gerechtigkeit eine Lobby hat, nicht nur die Finanzmärkte, Branchen oder Berufsgruppen! Besonders wertvoll wäre Ihre Mitgliedschaft, wenn Sie prominent sind und der NGO für Statements, Veranstaltungen und so weiter zur Verfügung stehen. Eine Vollmitgliedschaft bietet den Vorteil, auf die internen Entscheidungsprozesse der Organisation Einfluss nehmen zu können, bei Vereinen beispielsweise auf den Jahresmitgliederversammlungen. Basisorientierte Organisationen wie Attac besitzen weitere und permanente Mitbestimmungsmöglichkeiten.

🌓 *Aufwand:* Gering. Der Beitritt kommt in der Regel am PC zustande. Die Mitgliedsbeiträge variieren stark von NGO zu NGO. Bei Attac München beispielsweise beträgt er 20 Euro pro Monat (mit Reduktionsmöglichkeiten), beim BUND 48 Euro pro Jahr. Nach dem Beitritt müssen Sie regelmäßige Nachrichten im Mail-Eingang oder im Briefkasten verarbeiten, was aufwendig werden kann. Sie werden häufig zur Teilnahme an Aktionen bei aktuellen Anlässen aufgefordert, eine Pflicht dazu besteht mit einer Mitgliedschaft nicht. Entschließt man sich zu aktiveren Formen der Mitgliedschaft, ist viel Zeit aufzubringen für Sitzungen, Diskussionen, Vorbereitung von Aktionen und so weiter.

☂ *Risiken:* Gering. Als Angestellter der Deutschen Bank sollten Sie Ihre Mitgliedschaft bei Attac vielleicht lieber nicht an die große Glocke hängen. Die Organisationen sichern Ihnen eine vertrauliche Behandlung Ihrer persönlichen Daten zu. Vielleicht bekommen Ihre Nachbarn im Falle eines überquellenden Briefkastens mit, wo Sie sich engagieren.

☺ *Spaßfaktor:* Schon die bloße Spende, mehr noch die Mitgliedschaft befriedigen das Gewissen und erhöhen auch die eigene Glaubwürdigkeit nach außen. Aktive Mitarbeit in NGOs ist abwechslungsreich und kann viel Spaß bereiten – aber auch mit Frust verbunden sein, wenn unterschiedliche Meinungen zu langen Diskussionen führen.

## Aktion 8: Heikle Behördengänge nur mit Begleitschutz!

*Anlass:* Es gibt Behördengänge, vor denen man zu Recht etwas Angst hat. Beispielsweise wenn es um Hartz-IV-Angelegenheiten geht oder um Fragen im Zusammenhang mit Arbeitslosigkeit, Mietzuschüssen oder Krankheit. Hier müssen Sie manchmal Ihre Interessen gegenüber einem Sachbearbeiter vertreten, der rasch und ohne Berücksichtigung des Einzelfalls entscheiden will. Besonders anzuraten ist Begleitschutz bei Untersuchungen bei einem Amtsarzt. Sie unterstehen bei Beschwerden nicht der Ärztekammer, sondern den jeweiligen Bezirksämtern. Gehen Sie also nicht allein zu »heiklen« Ämtern, sondern in Begleitung eines Bekannten! Dazu haben Sie nach Sozialgesetzbuch X, Paragraph 13 das Recht. Sie werden sich nicht nur persönlich sicherer fühlen. Wenn Sie mit einem »Beistand« (so heißt Ihre Begleitung im Amtsdeutsch) auf einem Amt erscheinen, signalisieren Sie: »Ich bin ein Bürger, der sich nicht über den Tisch ziehen lassen will«.

☑ *Aktion:* Suchen Sie einen hilfsbereiten Bekannten, der für Sie zwei Stunden aufbringt. Er sollte nicht näher mit Ihnen verwandt sein, damit er eventuell später als Zeuge glaubwürdig auftreten kann. Ihr Begleiter muss nicht unbedingt einschlägige Fachkenntnisse oder Erfahrung besitzen. Wichtig ist, dass Sie ihn vorher über Ihren Fall instruiert haben. Wenn er selbst bereits in ähnlicher Sache auf dem Amt war, wäre das natürlich ideal. Die Bundesarbeitsgemeinschaft der Erwerbslosen und Sozialhilfeinitiativen vermittelt erfahrene örtliche Begleitpersonen (www.my-sozialberatung.de/adressen). Eine Aktionsvariante könnte darin bestehen, dass Sie sich selbst als Begleiter für andere zur Verfügung stellen.

Es genügt bereits, wenn Ihr Begleiter während des Gespräches stumm dabeisitzt. Wenn Sie befürchten, dass Sie die Beherrschung verlieren könnten, was bei für Sie existentiell wichtigen Entscheidungen verständlich wäre, sollten Sie vorher verabreden, wie Ihr Begleiter eine Eskalation verhindern kann (zum Beispiel indem er seine Hand auf Ihre Schulter legt). Ihr Begleiter kann sich auch ins Gespräch einmischen, wenn Sie im Eifer des Gefechts etwas vergessen haben. Aber Achtung: Alles, was Ihr Begleiter sagt, wird so protokolliert, als ob Sie es selbst gesagt hätten, auch wenn es zu Ihrem Nachteil ausfällt!

💣 *Wirkung:* Die bloße Anwesenheit eines Dritten (und potentiellen Zeugen) kann Wunder bewirken! Sachbearbeiter schalten plötzlich auf freundlich und werden erstaunlich korrekt und entgegenkommend. Sie selbst werden sich sicherer fühlen. Wenn Sie später die Entscheidung gerichtlich anfechten wollen, haben Sie einen Zeugen und einen besseren juristischen Stand. Man könnte einwenden, dass die Anwesenheit eines Dritten einen Sachbearbeiter abhalten könnte, zu Ihren Gunsten eine trickreiche, die Vorschriften etwas umgehende Lösung zu finden. Das ist unwahrscheinlich: Sachbearbeiter verletzen Amtsvorschriften nicht! Und wenn Entscheidungsspielräume existieren, wird ein anwesender Dritter einen Sachbearbeiter eher motivieren, sie zu Ihren Gunsten zu nutzen und sich damit als bürgernah zu präsentieren.

☯ *Aufwand:* Gering. Man muss jemanden motivieren, zwei Stunden zu investieren, oder über Organisationen eine Begleitung finden. Wenn Sie selbst Begleiter sind, ist der gefühlte Aufwand größer.

☂ *Risiken:* Keine.

☺ *Spaßfaktor:* Die Anlässe verhindern meist das Aufkommen freudiger Gefühle. Aber man fühlt sich sicherer.

## Aktion 9: Bei Mietproblemen im Haus: Laden Sie andere Mieter zum Kaffee ein

🗝 *Anlass:* Sie wohnen zusammen mit anderen Mietern in einem Haus, das einem Eigentümer oder einer Wohnungsgesellschaft gehört. Und Sie werden mit einem der heutzutage verbreiteten Probleme von Mietern konfrontiert: Sei es, dass die Miete exorbitant erhöht wird, dass Ihnen die Nebenkostenabrechnung suspekt ist oder dass man Druck auf Sie ausübt, einer Kündigung oder einem Umzug zuzustimmen, damit der Weg zur Luxussanierung frei wird. Warum sich jetzt allein wehren, wo doch andere Mitmieter mit denselben Problemen konfrontiert sind? Laden Sie doch einige Mieter aus Ihrem Haus zu sich zum Kaffee ein, damit man sich austauscht! Gemeinsam wehrt es sich besser, und der erste Schritt dazu ist das gemeinsame Gespräch! Leider ist es in Deutschland nicht sehr normal, dass man bei Mietproblemen auf Mitbetroffene zugeht. Überwinden Sie diese Einzelkämpfermentalität!

☑ *Aktion:* Werfen Sie in die Briefkästen des Hauses (eventuell auch der Nachbarhäuser) einen kurzen kopierten Brief, in dem Sie ohne große Umschweife Ihr Problem schildern (»Haben Sie auch eine völlig intransparente und überhöhte Nebenkostenabrechnung erhalten …?«) und zum Gedankenaustausch in Ihre Wohnung einladen, Termin an einem Feierabend in der folgenden Woche. Wenn Sie inzwischen einem der Mitmieter begegnen, sollten Sie ihn natürlich fragen, was er von der Einladung hält, ob er kommt und so weiter.

Zum Aufwärmen trinken Sie erst einmal zusammen ein bisschen Tee oder Kaffee. Dann bitten Sie, dass jeder reihum erzählt, welche Mietprobleme er hat oder hatte, und beginnen selbst damit. Falls sich nun herausstellt, dass viele mit denselben Problemen konfrontiert sind, sollten Sie die Frage aufwerfen, was man gemeinsam tun kann. Vielleicht haben andere Mieter bereits einen Weg gefunden, juristisch vorzugehen, und kennen einen guten Rechtsanwalt (den man eventuell gemeinsam bezahlen kann)!

Wie es danach weitergeht, lässt sich kaum verallgemeinern. Es hängt davon ab, welche gemeinsamen Problemlagen vorliegen, ob sich erfolgversprechende Lösungswege abzeichnen, ob das Engagement der Betroffenen groß genug ist und so weiter. Vielleicht findet sich ein Mitbewohner, der stellvertretend für andere eine Klage mithilfe des Armenrechts auf den Weg bringen kann. Wenn sehr viele Mieter mit einem speziellen Problem konfrontiert sind, sollte man auch an die Gründung einer Mieterinitiative denken, was im Prinzip wie die Gründung einer Bürgerinitiative anzugehen wäre (vergleiche Aktion 50).

💣 *Wirkung:* Das Gefühl, nicht allein zu sein, reduziert Angst! Die Einladung zum Kaffee wird man noch kaum als regelrechten Akt des Bürgerprotests bezeichnen können, aber es ist der erste Schritt zur Vorbereitung eines effektiven Widerstandes gegen Mietmissstände. Einen Versuch ist er immer wert!

🌘 *Aufwand:* Überschaubar, da alle Schritte im Haus organisiert werden. Man läuft sich oft über den Weg und hat kurze Wege!

☂ *Risiken:* Gering, wenn Sie es vermeiden, nach außen als »Rädelsführer« aufzutreten. Ein renitenter Hauseigentümer könnte Sie dann mit besonderen Repressalien überziehen. Eventuelle spätere juristische Schritte unternimmt jeder im eigenen Namen, nachdem sie gemeinsam vorbereitet wurden!

☺ *Spaßfaktor:* Gemeinsam Kaffee zu trinken macht schon einmal Spaß. Danach wird man Mitbewohnern, die einem bisher eher fremd waren, vertrauter begegnen!

## Aktion 10: In sozialen Netzwerken mitdiskutieren

📣 *Anlass:* Was tun, wenn Ihnen Protestaufrufe, die Sie in den gängigen Plattformen finden, als zu oberflächlich erscheinen? Wenn Sie Ihre Meinung differenzierter darlegen oder wenn Sie diskutieren möchten?

☑ *Aktion:* Verbreiten Sie Ihre Meinung in sozialen Netzwerken wie Twitter, Facebook, Google+ oder Youtube! Auch Tageszeitungen, Ministerien, Unternehmen bieten auf ihren Webseiten Diskussionsforen (»chats«) oder Kommentarfunktionen an. Oft muss man sich dazu nicht eigens anmelden, vor allem auf Nachrichtenseiten und Blogs. Bei den meisten sozialen Netzwerken hingegen ist Voraussetzung, dass Sie vorher mit Namen und E-Mail-Adresse einen Account angelegt haben. Manchmal werden sogar weitere persönliche Daten verlangt. Tipp: Bei Eingabe Ihrer Handynummer oder Postanschrift merkt das Internet nicht, ob Sie sich vertippt haben! Danach können Sie mit Namen oder unter einem Decknamen mitdiskutieren. Es gibt in vielen sozialen Netzwerken auch die Möglichkeit, ein neues Diskussionsforum zu einem Thema Ihrer Wahl einzurichten.

💣 *Wirkung:* Sie beeinflussen die Meinungsbildung im Internet. Ihre Äußerung erreicht zwar nur die Teilnehmer des jeweiligen Forums beziehungsweise Ihr soziales Netzwerk, also eine vergleichsweise kleinere Zahl von Menschen. Dafür können Sie sie differenziert äußern und gezielt auf Meinungsäußerungen anderer Forumsteilnehmer antworten. Mit dem größten sozialen Netzwerk, Facebook, erreichen Sie vor allem 14- bis 29-Jährige, es wird heute von 67 Prozent dieser Altersgruppe genutzt (nur 24 Prozent der über 50-Jährigen tun das). Nicht zu unterschätzen ist eine indirekte Wirkung. Beobachter in Politik und Unternehmen verfolgen die Diskussionen in Foren inzwischen sehr aufmerksam, um Meinungstrends auf die Spur zu kommen. Auch Sie selbst werden profitieren: In Chats wird man mit Meinungen konfrontiert, auf die man sonst vielleicht nicht gestoßen wäre und erfährt oft Interessantes.

☯ *Aufwand:* So bequem wie das Unterzeichnen eines Onlineprotests ist die Teilnahme an einem Internetdiskussionsforum nicht. Sie müssen selbst formulieren und schreiben, dabei auch besondere Ausdrucksweisen, Abkürzungen, Symbole erlernen, wie sie sich in den Communitys inzwischen eingebürgert haben. Die meisten Foren sind anmeldepflichtig, was zur Folge hat, dass Sie viele Decknamen und Passwörter zu verwalten haben.

⚐ *Risiken:* Sie können Ihre Meinung in Foren zwar unter einem Decknamen äußern, aber Achtung: Kommerzielle Betreiber von sozialen Netzwerken wie Google oder Facebook legen an Hand Ihrer Äußerungen ein Profil Ihrer Person an. Unerwünschte Mails oder auf Sie zugeschnittene Werbebanner sind noch die harmloseste der möglichen Folgen. Und in wessen Hände Ihre informationellen Fußabdrücke künftig geraten, hängt von unübersehbaren technischen und juristischen Entwicklungen ab. Generell wird im Internet vollkommene Anonymität nicht herstellbar sein, wie die spektakulären Hackeraktionen immer wieder beweisen – wie auch die Enttarnung von Hackern selbst.

☺ *Spaßfaktor:* Es hat seinen eigenen Reiz, mit Unbekannten zu diskutieren. Für manche ist die Diskussion in Foren sogar ein Ersatz für fehlende Sozialkontakte. Und es kann zutiefst befriedigen, im Schutz der Anonymität endlich einmal ungeschminkt zu sagen, was man denkt. Manche Beiträge in Foren sind unterhaltsam, oft stößt aber auch ein rüder, manchmal sogar hasserfüllter Diskussionsstil ab. Stellen Sie sich in Foren und Chats auf persönliche Beleidigungen ein, die auch dann seelisch belasten, wenn man Sie per Decknamen beschimpft!

## Aktion 11: Melden Sie irreführende Produktangaben an Lebensmittelklarheit.de

🛎 *Anlass:* Haben Sie sich auch schon einmal auf eine Zwiebelmettwurst gefreut, deren Zwiebelringe auf der Verpackung so lecker aussahen, die dann aber keine Zwiebeln enthielt? Haben Sie es auch schon erlebt, dass Ihnen auf einer Kartoffelchippackung »Jetzt noch mehr Inhalt!« versprochen wurde, ein Nachwiegen aber kein oder nur ein sehr kleines Mehr ergab? Nach einer Studie der Universität Göttingen aus dem Jahre 2011 fühlten sich bis zu 70 Prozent aller Verbraucher von der Lebensmittelindustrie »chronisch getäuscht«. Es hat lange Kämpfe mit der Lobby der Lebensmittelindustrie gekostet, bis die Verbraucherzentralen mit finanzieller Unterstützung des Bundesministeriums für Ernährung, Landwirtschaft und Verbraucherschutz das Internetportal Lebensmittelklarheit.de einrichten konnten, und der jüngste Beschluss zu seiner Weiterführung kam gegen den Widerstand der FDP zustande. Jetzt kann sich dort jeder beschweren, wenn er sich durch Angaben auf einer Lebensmittelverpackung »getäuscht« fühlt oder auch nur »verärgert« ist.

☑ *Aktion:* Gehen Sie auf www.Lebensmittelklarheit.de und klicken Sie auf der Startseite »Zur Rubrik Produkte« und dann »Produkte melden«. Dort geben Sie Ihren Namen samt Anschrift und E-Mail-Adresse an und schildern Ihre Beschwerde. Danach kommt der etwas aufwendigere Teil: Sie müssen Ihre Beschwerde belegen. Verpackungsangaben sind zu fotografieren oder zu scannen und per E-Mail im Anhang mitzuschicken; desgleichen irreführende Preisangaben am Verkaufsort samt Kassenzettel oder zu beanstandende Angaben in Werbeprospekten.

Ihre Meldung setzt eine Maschinerie in Gang: Lebensmittelklarheit.de überprüft Ihre Beschwerde und bittet den Hersteller um Stellungnahme. Dann wird Ihre Meldung samt einer Einschätzung von Lebensmittelklarheit.de ohne Angabe Ihres Namens veröffentlicht. Beispielsweise erscheint ein farbiges Bild des Produktes »Büsumer Feinkost Lousiana Flusskrebs« mit der Meldung: »Das Flusskrebsfleisch kommt aus China, nicht aus der Nordsee.«

💣 *Wirkung:* Beträchtlich! Ein Jahr nach Beginn hatte Lebensmittelklarheit.de bereits 300 000 Besucher pro Monat, dreimal so viel wie erwartet. Die Beschwerden zeigten Wirkung. Zwar beschweren sich Unternehmen notorisch, wenn sie im Portal »an den Pranger« gestellt werden, obwohl sie doch nichts Illegales getan hätten. Aber sie reagieren. Nach Angaben aus dem Verbraucherschutzministerium veränderten die Unternehmen das beanstandete Detail in 65 Prozent der Beschwerdefälle. Auch wenn die korrigierten Verpackungsangaben oft weiterhin Verschleierungen und Irreführungen enthalten, sorgen Sie mit Ihrer kleinen Aktion für ein etwas besseres Gleichgewicht zwischen Verbrauchern und Lebensmittelkonzernen. Sie sollten Ihre Meldung als Teil eines permanenten, immer weitergehenden Kampfes sehen.

🕐 *Aufwand:* Nicht wenig! Sammeln von Belegen ist fast detektivische Arbeit, und man muss fit im Scannen und in der digitalen Verarbeitung von Fotos sein.

☂ *Risiken:* Keine. Ihre Beschwerde wird anonym veröffentlicht. Lebensmittelklarheit.de sichert Ihnen zu, Ihre persönlichen Daten nicht an Dritte weiterzugeben, es sei denn, es kommt zu gerichtlichen Auseinandersetzungen. Dann dienen persönliche Daten aber lediglich der Beweisführung, nicht der Anklage gegen Sie. Firmen, die sich durch die Veröffentlichung geschädigt sehen, müssten gegen Lebensmittelklarheit.de als veröffentlichende Instanz klagen, nicht gegen Sie. Laut telefonischen Auskünften bei Lebensmittelklarheit.de ist es bislang noch nicht zu Prozessen gekommen.

☻ *Spaßfaktor:* Macht es Ihnen Spaß, Detektiv zu spielen? Dann sollten Sie Aktivist auf Lebensmittelklarheit.de werden! Ihr täglicher Einkauf oder das Lesen von Werbeprospekten werden spannend!

## Aktion 12: Machen Sie von Ihren Auskunftsrechten bei Behörden ausgiebig Gebrauch

🔍 *Anlass:* Die Datensammlung durch Meldeämter, Finanzämter, Polizei, Sozialbehörden, Justiz, Geheimdienste hat ein bedrohliches Ausmaß angenommen, auch wegen des technisch möglichen schnellen Datenaustausches (»Datenabgleich«). Datenschutzbeauftragte sehen das Recht auf informationelle Selbstbestimmung der Bürger gefährdet, warnen vor dem »gläsernen Bürger« und vor Gefahren für die Demokratie. Gleichzeitig versuchen Behörden, Informationen über ihr eigenes Handeln geheimzuhalten. Berüchtigtes Beispiel sind die Verträge zu »öffentlich-privaten Partnerschaften« zwischen Gemeinden und Privatunternehmen, in die Bürger, selbst Stadträte, kaum Einsicht bekommen.

Sie können in den Kampf um das informationelle Kräftegleichgewicht zwischen Staat und Bürger ein bisschen eingreifen, indem Sie von Ihren Auskunftsrechten ausgiebig Gebrauch machen und Einspruchsmöglichkeiten kräftig nutzen. Diese Rechte besitzen Sie auf der Grundlage der Informationsfreiheitsgesetze von Bund und Ländern von 2006. Immer mehr Menschen nutzen sie, 2012 bereits über 6000. Dabei müssen Sie aber ein »berechtigtes Interesse« geltend machen. Dieses haben Sie beispielsweise als Bürgerin oder Bürger eines Wohnquartiers, wenn es um geplante städtische

Baumaßnahmen geht, aber auch als Privatperson, wenn Sie sich im Streit mit Behörden befinden, zum Beispiel in Hartz-IV-Angelegenheiten. Der Staat muss gläsern werden, nicht der Bürger!

☑ *Aktion:* Sie setzen einen Brief an die jeweilige Behörde auf und beantragen Akteneinsicht zu einem bestimmten Vorgang. Lassen Sie sich dabei gleich die eventuellen Kosten nennen (Musterbrief im Anhang)! Dabei genügt die Anschrift der Behörde, die zuständige Abteilung oder Person müssen Sie nicht nennen. In der Regel wird Ihnen die Behörde keine Einsicht in die Originalakten gewähren, sondern mehr oder weniger detailliert schriftlich Auskunft geben (Näheres regeln einschlägige Verwaltungsgesetze von Bund und Ländern). Wenn es Sie speziell interessiert, was Polizei oder Verfassungsschutz über Sie wissen, dann lohnt sich ein Blick auf die Webseite www.datenschmutz. de. Dort finden Sie weitere Musterbriefe und können per Mausklick die Datenbanken auswählen, die Sie abfragen möchten.

Die ersten Auskünfte fallen oft dürftig aus. Behörden verweigern manchmal Details mit unterschiedlichen Begründungen, weil Ihr Interesse nicht berechtigt sei (zum Beispiel bei Finanzierungsfragen), weil geschützte Kernbereiche wie Verteidigung, internationale Verhandlungen oder Innere Sicherheit tangiert seien, weil persönliche Daten Dritter zu schützen seien oder weil Bewertungen und Meinungen innerhalb der Behörde bekannt würden (darüber muss nicht Auskunft erteilt werden); auch mit einem unzumutbaren »Schwärzungsaufwand« wird argumentiert. In letzter Zeit sind Fälle bekannt geworden, in denen Behörden die Auskunft verweigerten, weil sie dazu eigene informationssammelnde Schritte hätten unternehmen müssen.

Bei solchen Ausweichversuchen sollten Sie insistieren und nachfragen! Mit einem einmaligen Auskunftsantrag ist es also nicht getan, Sie müssen dranbleiben! Sperrt sich die Behörde weiter, bringen Sie Ihre stärkste Waffe in Stellung: Sie drohen mit einer Klage vor dem Verwaltungsgericht. Der Clou: Die Behörde muss Ihnen dabei helfen! Behörden haben neben ihrer Auskunftspflicht auch eine verwaltungsrechtliche Beratungspflicht. Beantragen Sie also einen Termin für eine Beratung zur Frage, wie Sie gegen die Auskunftsverschleppung der Behörde bei Verwaltungsgerichten vorgehen können (Musterbrief im Anhang)!

Nach dem novellierten Verbraucherschutzgesetz sollen Auskünfte bis zu 1 000 Euro Verwaltungsaufwand kostenfrei sein. Seien Sie also sparsam mit den verlangten Auskünften! Testanfragen von Foodwatch e. V. an das Niedersächsische Landesamt für Verbraucherschutz haben gezeigt, dass Behörden ihren Aufwand prohibitiv hochschrauben, um die Antragsflut zu bewältigen. Die Behörde kündigte für eine Anfrage, die Informationen über die Zahl der Proben und Art der Beanstandung bei der Fleischüberwachung im Jahr 2011 einholen wollte, Kosten von 80 000 Euro (!) und eine Bearbeitungszeit von etwa zwei Jahren an.

Wenn Sie im Laufe Ihrer Auskunftseinholung auf falsche oder nachteilige Informationen über Ihre eigene Person stoßen, dürfen Sie deren Änderung verlangen. Rechtlich ist das nicht immer durchsetzbar, in einigen Bundesländern besser, in anderen schlechter, aber, wie gesagt, die Behörde muss Ihnen bei Ihrem Änderungswunsch beratend helfen.

💣 *Wirkung:* Die Erfolgsaussichten sind nicht schlecht. 2012 wurde nach Angaben des Bundesinnenministeriums knapp die Hälfte der Erstanträge um Akteneinsicht genehmigt, über ein Viertel teilweise. Sie tragen mit Ihrem Antrag zu einem

Umdenken in Behörden bei. Beamte lernen, dass Akten nicht ihnen gehören, sondern dass sie sie für die Öffentlichkeit verwalten. Sie merken, dass die Bürgerinnen und Bürger ihnen auf die Finger schauen, und werden dann von vornherein bürgerfreundlicher entscheiden. Außerdem unterstützen Sie mit Ihrer Aktion die gewählten Volksvertreter, die heutzutage aus verschiedenen Gründen ihrer Kontrollaufgabe oft nicht ausreichend nachkommen können (Stichworte: Überforderung, Filz, Lobby, Parteidisziplin …). Wenn Sie auf skandalöse Tatbestände stoßen, können Sie Organisationen der Zivilgesellschaft informieren, die die Missstände publizieren oder vor Gericht weiter verfolgen.

*Aufwand:* Nicht unbeträchtlich, wenn man sich nicht mit der ersten, meist ungenügenden Auskunft zufriedengibt. Man muss einen langen Atem haben und auf die Kostenfrage achten. Viele Kommunen in Bayern machen es inzwischen ihren Bürgerinnen und Bürgern leichter, sie haben ein »gläsernes Rathaus« eingeführt. Jeder hat dort ein einklagbares Recht zur Einsicht in Originalakten, selbst in Planungsgrundlagen, Gutachten, Kalkulationen.

*Risiken:* Gering. Sie nutzen ein Recht, das Ihnen zusteht. Wenn Sie nicht beleidigend werden, kann Ihnen nichts passieren.

*Spaßfaktor:* Mittel. Größer, wenn man etwas rechthaberisch veranlagt ist und Freude daran finden kann, mit Bürokraten herumzustreiten.

## Aktion 13: Wehren Sie sich mit Ombudsmännern und -frauen gegen Ungerechtigkeiten

*Anlass:* Die Arroganz der Macht und der Mächtigen hat Menschen zu allen Zeiten in Wut gebracht. Durch die Globalisierung sind Gefühle des Ausgeliefertseins noch verstärkt worden. Umso wichtiger ist es, alle vorhandenen Möglichkeiten zu nutzen, um sich gegen ungerechte Behandlungen durch Unternehmen und staatliche Instanzen zu wehren. Eine solche Möglichkeit bieten sogenannte Ombudsmänner (so lautet meistens die offizielle Bezeichnung, auch wenn es sich um Frauen handelt). Immer mehr große staatliche wie private Organisationen richten sie ein, um Streitfälle außergerichtlich aus der Welt zu schaffen. Es gibt Ombudsmänner vor allem für Streitfälle mit Banken, Versicherungen, privaten Krankenkassen, Organen der EU, Internetreiseanbietern, Bausparkassen, Krankenhäusern, selbst mit ausländischen Unternehmen. Bei Beschwerden gegenüber Bundes- und Länderbehörden übernehmen oft Petitionsausschüsse die Funktionen der Ombudsmänner, nur Rheinland-Pfalz, Schleswig-Holstein, Mecklenburg-Vorpommern und Thüringen haben dafür eigene »Bürgerbeauftragte«. Wenn Sie sich also von Behörden oder Firmen ungerecht behandelt fühlen: Wehren Sie sich mithilfe eines Ombudsmanns!

*Aktion:* Suchen Sie zunächst einen für Ihren Fall zuständigen Ombudsmann. Dabei hilft www.tagesgeld.info/ratgeber/ombudsmaenner/, wo Sie auch Fragen zu Ihrem Fall eingeben können und ersten Rat und Adressen erhalten. Dann nehmen Sie – auch anonym – ersten Kontakt mit dem zuständigen Ombudsmann auf, alle weiteren Schritte ergeben sich danach. Die Suche nach einem Ombudsmann kann sich schwierig gestalten, da die Zuständigkeiten oft kompliziert sind. So ist bei Problemen mit Kapitalfonds teils der Fondsbeauftragte, teils der Bankenbeauftragte der Ansprechpartner.

💣 *Wirkung:* Die Zahl der Bürgerinnen und Bürger, die sich mit ihren Beschwerden an Ombudsmänner richten, wächst. 2011 gingen beispielsweise über 18 000 Beschwerden beim Ombudsmann für Versicherungen ein, und etwa ein Drittel wurde zugunsten des Versicherungsnehmers entschieden. Allerdings ist die Entscheidung des Ombudsmannes nur für einige Unternehmen bindend, für andere lediglich Empfehlung.

Ein weiteres Manko: Es besteht keine Veröffentlichungspflicht für die eingegangenen Beschwerden, was den Verfahren kritische öffentliche Wirkungen nimmt. Dennoch: Wenn viele Bürger die Institution Ombudsmann einschalten, entsteht Gegenmacht, die sonst ausbliebe. Ohne Ombudsmänner würden viele Bürger Ungerechtigkeiten mangels einschlägigen Know-how und angesichts eines risikoreichen Wegs über Gerichte wohl widerstandslos hinnehmen.

🕐 *Aufwand:* Mittel. Man muss seinen Fall ausführlich schildern, eventuell Belege beibringen und Ausdauer haben. Die Dauer eines Verfahrens ist schwer abschätzbar, idealerweise sechs Wochen, im schlechten Fall sechs Monate. Auf jeden Fall erspart man sich Anwaltskosten, Ombudsmänner arbeiten für den Beschwerdeführer kostenlos.

☂ *Risiken:* Keine. Ombudsmänner, in der Regel Rechtsanwälte, unterliegen der Verschwiegenheitspflicht und unterliegen keinen Anweisungen durch die sie bestellende (und finanzierende) Organisation. Sie können Ombudsmänner sogar anonym kontaktieren!

😃 *Spaßfaktor:* Mäßig, es sei denn, Sie geraten an witzige Ombudsmänner oder -frauen.

## Aktion 14: Konsumentenmacht: Nichts von verantwortungslosen Firmen kaufen!

*Anlass:* Wie oft haben Sie schon so etwas gehört und waren empört: Schokolade der Firma X enthält Kakao, der von Kindersklaven geerntet wurde; Y-Milch stammt von Kühen, die Genfutter bekommen; eine Firma hat ihren Sitz in die Schweiz verlegt und vermeidet so in Deutschland Steuern; ein Einzelhandelskonzern bespitzelt seine Mitarbeiter. Ein Unternehmen macht Supergewinne, stellt aber immer mehr schlechtbezahlte Leiharbeiter und Werkvertragler ein. Übel, haben Sie vielleicht gedacht, aber ich kann nichts dagegen tun. Lassen Sie üble Firmen die Macht der Verbraucher spüren! Wenn Sie boykottieren, kaufen Sie Waren einer verantwortungslosen Firma nicht. Wenn Sie »buy«kottieren, bevorzugen Sie gezielt Waren einer vorbildlichen Firma – und boykottieren damit automatisch die übrigen. Im Grunde ist also immer Boykott dabei. Er ist eine der wichtigsten Aktionen der Zivilgesellschaft, weil er leicht, täglich und massenhaft ausgeübt werden kann.

*Aktion:* Der Boykottwillige steht vor drei Fragen: Welche Ware aus dem großen Warenangebot verdient es, boykottiert zu werden? Welche stattdessen kaufen? Wie kommt man ohne allzu großen Aufwand an verlässliche Informationen, um diese Entscheidungen treffen zu können?

Am einfachsten ist ein Boykott durchführbar, wenn NGOs bereits eine Boykottkampagne gegen eine bestimmte Firma ausgerufen haben, was immer wieder geschieht. Dann werden Ihnen in der Regel auch die nötigen Informationen geliefert, die Produktnamen genannt (die Konzernzugehörigkeit vieler Produkte ist oft nicht offensichtlich), und Sie können diese Firma leicht vermeiden. Ihre Boykottmöglichkeiten beschränken sich dann aber auf wenige Kampagnenprodukte, die Sie momentan vielleicht gar nicht kaufen wollen.

Etwas aufwendiger, aber optionserweiternd ist es, sich beim Einkauf konsequent von Siegeln leiten zu lassen. Prägen Sie sich das Aussehen der Siegel ein, die anzeigen, ob ein Produkt fair oder nachhaltig hergestellt wurde. Inzwischen gibt es verwirrend viele Siegel. Nur wenige werden staatlich kontrolliert wie Siegel mit dem geschützten Wort »Bio« oder »ohne Gentechnik«. Viele – inzwischen die meisten – sind unseriös, weil sie Erfindungen der Industrie darstellen und man sie deshalb nicht als objektiv bezeichnen kann. Wie die seriösen Siegel aussehen, zeigt Ihnen www.label-online.de oder die Broschüre »Der nachhaltige Warenkorb«. Das wichtigste ist das alle Warengruppen betreffende Fairtrade-Siegel, speziell für Lebensmittel das Siegel Bioland oder Naturland, für Südfrüchte und Grünpflanzen Rainforest Alliance, für Kleider Fairtrade Certified Cotton, für Reinigungsmittel, Kosmetika und Haushaltsgegenstände der blaue Engel, für Holzprodukte das FSC-Siegel (Forest Stewardship Council). Lassen Sie sich nicht durch Firmenwerbungen ablenken, die der Firma und ihren Produkten gern einen generellen grünen oder fairen Anstrich geben – selbst bekannte Sünder wie BP tun das inzwischen!

Die hohe Schule des Boy- und Buykotts, in der Sie das Warensortiment in großer Breite und qualifiziert beurteilen, erfordert viel informative Vorarbeit. Dafür stehen Ihnen digital und in Printform gute Informationsquellen zur Verfügung (vergleiche Seite 219–225), die Sie allerdings vor dem Einkauf studieren müssen. Da wird der tägliche Einkauf ja zur Wissenschaft, werden Sie stöhnen. Übung entlastet Sie! Mit der Zeit werden Sie die Welt der Waren immer schneller unter dem Gesichtspunkt »kaufen oder nicht kaufen?« einteilen können. Inzwischen gibt es technische Hilfen, die auch während des Einkaufs helfen. Dazu benötigen Sie ein Smartphone (das vermutlich unfair hergestellt wurde), auf dem die App »Barcoo« heruntergeladen ist. Sie streichen beim Einkauf über den Strichcode von Waren und bekommen im Display umgehend Informationen. So können boykottwürdige Produkte beim Einkauf an Ort und Stelle erkannt werden. Allerdings sind die Beurteilungen auf Barcoo gegenwärtig noch lückenhaft und intransparent, was ihr Zustandekommen betrifft. Beim Onlinekauf ist Barcoo (noch) nicht anwendbar. Dort kann man vor dem Abschicken einer Bestellung das Fairness- und Nachhaltigkeitsprofil des Produkts oder der Firma auf der Webseite www.wegreen.de überprüfen.

Ihr Kaufboykott hat einen Nachteil: Er findet etwas im Stillen statt. Weder die boykottierte Firma noch der Einzelhändler oder andere Käufer erfahren, dass und warum Sie boykottieren. Eine Aktionsvariante kann einen kleinen Aufklärungseffekt schaffen, erfordert aber etwas Mut. Man zeigt an der Kasse ein boykottwürdiges Produkt und fragt in der Rolle des besorgten Konsumenten: »Ich habe da gelesen, dass diese Kakaoprodukte von Kindern hergestellt werden. Stimmt das?« Auf die (vermutlich ausweichende) Antwort fragen Sie weiter und sprechen dabei möglichst laut, damit andere Kunden aufmerksam werden. Am Ende sagen Sie: »Also, das überzeugt mich irgendwie nicht, ich kaufe diese Sachen lieber nicht«, und lassen die Ware auf dem Förderband der Kasse stehen.

Gehen Sie Buy- und Boykotte in kleinen Schritten an. Niemand kann verlangen, dass Sie jeden Kauf mit politischen Zielen tätigen. Beginnen Sie mit wenigen besonders verantwortungslosen Firmen und einzelnen Produkten, mit zunehmender Übung wird ihre Zahl zunehmen. Und natürlich ist es legitim, beim Kauf auch auf den Preis und auf persönliche Vorlieben zu achten. Wie sehr, ist Ihre Gewissensentscheidung.

💣 *Wirkung:* Ihr Kaufboykott wirkt durch unmittelbaren Druck, nicht durch Protest oder Aufklärung. Sie beeinträchtigen, wenn auch im kleinsten Maßstab, den Absatz einer Firma. Wenn viele Konsumenten ein bestimmtes oder alle Produkte einer Firma nicht kaufen, wird sich das in Verkaufsziffern niederschlagen und die betreffende Firma wird Ursachenforschung betreiben. War der Druck – sprich: die erzielten Verkaufseinbußen – stark genug, wird sie – vielleicht – verantwortungsvoller produzieren. Vielleicht verstärkt sie aber auch nur ihre Werbebemühungen und gibt sich einen grünen oder fairen Anstrich. Die Problematik der Wirkungen von Kaufboykotten sind bekannt, einschließlich die ihrer Nebenwirkungen (vergleiche Seite 29 ff., 36 ff.).

Aber selbst wenn Boy- und Buykotte die erwünschten Ziele zunächst nicht oder nur begrenzt erreichen, es verhält sich hier wie bei der Mülltrennung: Auch sie ist problematisch, aber man sollte sie praktizieren, um eine bessere Abfallwirtschaft auf den Weg zu bringen. Wenn viele Bürgerinnen und Bürger ihre Bereitschaft zum politischen Konsumverhalten täglich unter Beweis stellen, erhalten NGOs eine starke Waffe im Kampf um die Moralisierung der Wirtschaft. Deren unausgesprochene Drohung mit Kaufboykotten genügt dann oft, um Unternehmen zum Einlenken zu bringen. Früher oder später kommt es zu tatsächlichen Verbesserungen, wie man auf den Webseiten der »Kampagne für Saubere Kleidung«, Erklärung von Bern und anderen verfolgen kann. Ein Beispiel ist die Outdoor-Bekleidungsbranche, der selbst kritische NGOs wie die »Kampagne für Saubere Kleidung« jüngst deutliche Fortschritte attestiert haben, beispielsweise die Bezahlung von Überstunden und die Zulassung von Arbeitnehmervertretungen. Unter dieser Perspektive wäre sogar vertretbar, wenn man ein in die Kritik geratenes Unternehmen boykottiert, obwohl auch die Herstellerfirma der stattdessen gekauften Produkte kein Vorbild ist. Die Zivilgesellschaft muss Exempel statuieren!

*Aufwand:* Boykottieren erschwert den täglichen Einkauf beträchtlich. Man muss sich informieren, steht unter erhöhtem Beurteilungsdruck, entsprechend längere Zeit verbringt man in Geschäften beziehungsweise am PC. Faire und nachhaltige Produkte sind teurer, oft bedeutend teurer. Das hat zur Kritik geführt, dass reichere Bevölkerungsschichten deswegen mehr politische Einflussmöglichkeiten erhalten.

*Risiken:* Keine.

*Spaßfaktor:* Wenn Sie als Alternative ein bekanntermaßen faires Produkt gekauft haben, werden Sie ein bisschen zufrieden sein. Vielleicht kommt es im Moment der Boykottentscheidung auch zum kurzen Triumphgefühl.

## Aktion 15: Dämmen Sie die Werbeflut wenigstens zu Hause ein

*Anlass:* Wir werden täglich mit Werbebotschaften bombardiert. Sie untergraben unsere Entscheidungsfreiheit, verführen uns zum Kauf überflüssiger Dinge, sind oft aggressiv oder sexistisch. Unsere Briefkästen quellen vor unverlangten Prospekten über, deren Herstellung und Entsorgung die Umwelt belasten. Oft stören uns Telefonanrufe, in denen man uns Versicherungen und Geldanlagen aufzudrängen versucht. Und wer hat sich nicht schon über Lockvogelangebote geärgert, die meistens in kürzester Zeit ausverkauft sind? Dämmen Sie den Werbeirrsinn zumindest in den eigenen vier Wänden ein!

*Aktion:* Am leichtesten können Sie gegen die Werbeflut im Briefkasten vorgehen. Bringen Sie am Briefkasten einen Zettel an »Werbung macht dumm! Ich will keine Werbung, besonders nicht: …«, und nennen Sie unerwünschte Werbeprodukte, eventuell auch werbelastige Stadtteilzeitungen beim Namen. Der Zusatz »Bei Nichtbeachtung erfolgt Anzeige« dient der Abschreckung. Ein solcher »Sperrvermerk« wird aber nur von Sonderzustellern einer werbenden Firma beachtet. Um gegen unerwünschte Postwurfsendungen vorzugehen, gibt es eine andere Möglichkeit: Tragen Sie sich in die sogenannte Robinson-Liste der Deutschen Direktwerber ein (www.ddv-robinsonliste.de). An ihr orientieren sich viele werbende Firmen und schicken den Eingetragenen keine Werbung zu (und ersparen sich damit Portokosten). Einen Rechtsanspruch darauf haben Sie allerdings nicht.

Was tun, wenn trotzdem Werbung ins Haus flattert? Zunächst sollten Sie den werbenden Unternehmer per E-Mail oder aus Beweisgründen per Fax (Adressen im Impressum des Werbeerzeugnisses) zur Unterlassung der Zusendung auffordern. Datum und Werbeprodukt der letzten Zusendung genau bezeichnen. Erfolgt danach ein weiterer Einwurf, können Sie die Sache einem Rechtsanwalt übergeben, der alle weiteren Schritte auf Kosten des Werbeunternehmens unternimmt: Abmahnung, dann einstweilige Verfügung. Eine weitere Gegenmaßnahme: Werfen Sie als Werbung erkannte Post mit der Aufschrift »Annahme verweigert, zurück an Absender« ungeöffnet in den nächsten Briefkasten! Das verursacht bei der Post Arbeit und beim werbenden Unternehmen eventuell Kosten für das Rückporto.

Gegen die Werbebeilagen, die Zeitungen beigelegt sind und stets herausfallen, so dass man sich bücken muss, können Sie sich auf diese Weise leider nicht wehren. Hier könnte nur ein Protestbrief an die Herausgeber der Zeitung helfen. Man wird ihn, wenn überhaupt, mit dem Hinweis beantworten, dass die beigefügte Werbung es möglich macht, die Zeitung am Leben zu erhalten.

Lassen Sie sich auch lästige Werbetelefonanrufe nicht gefallen! Auf www.wettbewerbszentrale.de finden Sie Formulare mit entsprechenden Beschwerdetexten gegen Telefonwerbung und telefonisch untergeschobene Verträge, gegen nicht vorhandene Lockvogelangebote in Geschäften sowie gegen andere unerlaubte oder irreführende Werbungen. Als Beweise genügen auch eidesstattliche Erklärungen, die auf der Webseite vorformuliert sind. Falls Sie wiederholt von Werbeanrufen von derselben Nummer genervt werden, gibt es folgende Möglichkeiten: Mailen Sie Ihrem Telefonanbieter beziehungsweise gehen Sie in seinen Shop und verlangen Sie die Abschaltung der unerwünschten Nummer. Auch auf Ihrem Handy können Sie unerwünschte Nummern sperren lassen (zu finden in der Regel über »Einstellungen«). Es wäre übrigens keineswegs unhöflich, bei unerwünschten Werbeanrufen kommentarlos aufzulegen!

Auch gegen aggressive oder sexistische Werbung in Rundfunk- und Fernsehprogrammen kann man sich wehren. Die Landesmedienanstalten bieten unter www.pro grammbeschwerde.de entsprechende Möglichkeiten, was bequem ist, da Beschwerden direkt an die zuständigen Redaktionen weitergeleitet werden. Auch der Deutsche Werberat (www.werberat.de) ist eine Adresse für Beschwerden über alle Arten kommerzieller Werbung, auch über Prospekte und Außenwerbung. Bleiben schließlich lästige E-Mails mit Werbeangeboten, die irgendwie zu Ihnen gelangen. Aktivieren Sie Ihren Spamfilter, und geben Sie die Absenderadressen in die Spamliste ein, dann entfällt das lästige Wegklicken!

*Wirkung:* Die Chancen, mit diesen Schritten die Werbeflut in Ihrem Haus einzudämmen, stehen gut. Mit dem Sperrvermerk setzen Sie auch gegenüber Nachbarn ein Zeichen gegen den Werbeirrsinn. Ganz unproblematisch von ihren Wirkungen ist auch diese Aktion nicht: Man könnte einwenden, dass Sie mit ihr der Werbung helfen, Kosten einzusparen (keine Werbung an Werbemuffel).

*Aufwand:* Gering. Das Anbringen eines Sperrvermerkes und ein Unterlassungsschreiben machen wenig Arbeit. Weitere Schritte übernimmt ein Anwalt auf Kosten der Werbefirma.

*Risiken:* Keine.

*Spaßfaktor:* Tägliche Zufriedenheit, wenn man die Werbung im Briefkasten nicht mehr entsorgen muss.

## Aktion 16: Das T-Shirt als politisches Statement

☛ *Anlass:* Die eigene Kleidung, selbst das Tattoo auf der Haut, ist inzwischen zum Vehikel geworden, seine Gruppenzugehörigkeit, seinen Lebensstil oder seine Meinung auszudrücken. Viele Menschen tragen auf T-Shirts Nachdenkliches bis Witziges, sogar Werbeslogans für Unternehmen zur Schau – warum nicht auch ihren politischen Protest?

☑ *Aktion:* In vielen Copyshops können Sie sich für wenig Geld ein Statement auf ein mitgebrachtes oder dort kaufbares T-Shirt drucken lassen. Bei NGOs lassen sich T-Shirts mit deren Slogans und Symbolen beziehen. Anziehen und losgehen, zum Beispiel auf Partys, wo man über ein witziges oder provozierendes T-Shirt ins Gespräch kommen und seinen Protest näher erläutern kann. Besucht man jemanden, sollte man ein T-Shirt mit passendem Slogan aussuchen, um Andersdenkende herauszufordern. Es liegt also nahe, mehrere T-Shirts mit unterschiedlichen Slogans vorbereitet zu haben. Am Arbeitsplatz darf Kleidung mit politischen Slogans übrigens verboten werden.

Die Protestbotschaft auf einem T-Shirt sollte knapp und, da man ein Kleidungsstück ja für einige Zeit tragen will, nicht allzu aktuell sein. Damit sich andere nicht belästigt fühlen, verbieten sich allzu simple Slogans. Grenzwertig wäre etwa »Bundeswehr raus aus Afghanistan!«, so sehr man mit dieser Forderung auch einverstanden sein mag. »Keine Tierversuche!« wäre etwas langweilig. Gut sind Slogans, die etwas rätselhaft sind, zum Nachdenken anregen und eventuell Nachfragen beim Träger veranlassen. «Plastik tötet» geht in diese Richtung. Listig sind kleine eingebaute Fehler, über die man beim Lesen stolpert und die zum Ansprechen einladen, zum

Beispiel »Blastik tötet« (»He, Plastik schreibt man mit P!« – und schon kann man sein Anliegen näher erklären). Dezenter sind Buttons oder Aufnäher, beispielsweise die bekannten Logos der sozialen Bewegungen. Eine Antiatomsonne erkennt man auch in Buttongröße von weitem.

💣 *Wirkung:* Menschen beobachten gern Menschen. Ihr Protest wird eher wahrgenommen und wirkt authentischer, wenn Sie ihn auf dem Leib tragen und ihn auf diese Weise leibhaftig mit Ihrer Person verbinden. Besonders Statements, deren Inhalt in der Öffentlichkeit verdrängt wird, können durch die Verbindung von Text und Person im Alltag geoutet und so normalisiert werden (beispielsweise durch Sportkleidung mit der Aufschrift »Schwule Fitness«).

🕘 *Aufwand:* Gering. Sie verbreiten politischen Protest ohne viel dafür tun zu müssen, das ist ein gutes Verhältnis von Aufwand und Wirkung!

☂ *Risiken:* Sie outen sich politisch, werden entsprechend abgestempelt, das kann seine Nachteile haben.

😀 *Spaßfaktor:* Bei witzigen Statements bisweilen hoch, kommt es doch manchmal zu netten Reaktionen. Unter Menschen mit gegenteiliger politischer Gesinnung kann es stressig werden, es sei denn, man provoziert gern.

## Aktion 17: Schicken Sie's zurück! Firmen, die es verdienen, mit Retouren abstrafen

🗝 *Anlass:* Das Bürgerliche Gesetzbuch und das EU-Recht gewähren bei Onlinekäufen bislang großzügige Rückgabemöglichkeiten; viele Onlinehändler werben sogar mit der problemlosen Rückgabe gekaufter Waren. Die Käufer nutzen dieses Recht ausgiebig. In der Modebranche landet jedes zweite per Internet bestellte Teil wieder beim Verkäufer, im Schuhhandel sogar vier von fünf Paar Schuhen. Gründe für die Rücksendung braucht man nicht anzugeben, meistens hat man einen Monat Zeit zur Rückgabe. Die Portokosten für den Rückversand muss der Verkäufer ab einem Warenwert von 40 Euro übernehmen (Ausnahme: geöffnete CDs und Lebensmittel).

Was liegt näher, als dieses Rückgaberecht zu nutzen, um verantwortungslose Unternehmen abzustrafen? Beispielsweise einen Fußball, der von Kindern in Mexiko hergestellt wurde, online kaufen, ausprobieren und wieder zurückschicken, natürlich mit entsprechender Bemerkung. Oder Bücher eines rechtsradikalen Hetzautors. Auch Onlinehändler selbst können dabei ins Visier genommen werden, beispielsweise solche, die Leiharbeiter unter skandalösen Arbeitsbedingungen arbeiten lassen.

☑ *Aktion:* Informieren Sie sich über das Sündenregister einer Firma. Gehen Sie dann auf die Webseite der Firma oder, wenn diese keinen eigenen Webshop hat, zu einem Versandhändler. Dort suchen Sie sich ein Produkt der kritisierten Firma aus. Das Produkt sollte möglichst groß sein, damit seine Zurücknahme ordentlich Arbeit verursacht. Informieren Sie sich dann über Detailbedingungen der Rückgabe:

über Fristen, Modalitäten der Portoübernahme, erlaubte Nutzungsspuren; im Zweifelsfall telefonische Auskunft einholen! Dann bestellen Sie das Produkt gegen Rechnung. Beim Empfang der Ware liegt häufig ein bereits ausgefüllter Adressenaufkleber für die Rücksendung bei, oft schon mit Aufschrift »Gebühr zahlt der Empfänger«. Falls nicht, müssen Sie die gebührenfreie Rücksendung auf dem Postamt geltend machen, am besten als Paket wegen der Rückverfolgbarkeit. Beleg aufheben!

Dann kommt der wichtigste Teil: Schreiben Sie auf dem Rückgabeschein den Grund Ihrer Rückgabe, beispielsweise: »Habe erfahren, dass dieser Fußball von mexikanischen Kindern hergestellt wurde!« Oder: »Bezahlen Sie Ihr Personal besser, dann bestelle ich wieder bei Ihnen!« Sie könnten den Druck, den Sie mit Ihrer Rückgabe ausüben, noch verschärfen. Nutzen Sie ausgiebig Ihr Recht auf Überprüfung des Gebrauchswerts einer Ware, beispielsweise durch intensives Lesen, Anprobieren, Dauerinbetriebnahme. »Bestimmungsgemäße« Gebrauchsspuren sind erlaubt, etwa leichte Knicke auf Buchseiten, Flecken auf dem Fußball, Falten in Kleidern. Sie erschweren den Wiederverkauf der Ware.

💣 *Wirkung:* Ziel von »Schicken Sie's zurück« ist die wirtschaftliche Schädigung einer unverantwortlichen Firma. Man sollte die Aktion daher auf erwiesene und hartnäckige Übeltäter beschränken. Auch wegen der Nebenwirkungen: Zunächst wird ja der Versandhändler geschädigt, dem man lediglich vorwerfen kann, dass er sich nicht besser über die Produktionsbedingungen seiner Waren informiert hat. Sogenannte Retouren sind für den Onlinehändler ärgerlich, ihre Abwicklung kostet Zeit und Geld, durchschnittlich acht bis 13 Euro. Wenn viele Käufer Waren zurückgeben, entsteht für den Versandhändler ein betriebswirtschaftliches Problem. Er wird sich überlegen, ob er die anstößigen Waren der kritisierten Firma nicht besser aus dem Sortiment nimmt. Auf diese Weise üben Sie indirekt Druck auf die unverantwortliche Herstellerfirma, beispielsweise des Fußballs, aus.

☾ *Aufwand:* Mittel. Sie müssen die Ware einpacken und zur Post gehen. Und Sie müssen sich über das unverantwortliche Treiben der angegriffenen Firma informiert haben, sonst wäre die in Kauf genommene Schädigung des Herstellers oder des Versandhändlers leichtfertig und unmoralisch.

☂ *Risiken:* Gering, wenn Sie auf Rechnung gekauft haben. Die rechtlichen Detailvorschriften ändern sich allerdings ständig und sind inzwischen unüberschaubar geworden, sind sogar nach einzelnen Kaufmodalitäten und Branchen unterschiedlich. Das betrifft besonders die Übernahme der Portokosten für die Rücksendung und ihre Handhabung. Onlineverkäufer werden nach der aktuellen Rechtslage (2013) verpflichtet, die Rückgabekosten immer zu übernehmen, auch bei kleinen Warenwerten. Oft versuchen sie, sich im Kleingedruckten davor zu drücken. Oder sie legen Retourscheine ohne Portoübernahme bei, um Sie zur Vorkasse zu verleiten, die Sie dann wieder einklagen müssen. Auch zu starke Gebrauchsspuren könnten für Sie zum Problem werden (Ersetzung des Schadens). In der Regel wird sich ein Rechtsstreit für den Verkäufer aber nicht lohnen.

Leider wird demnächst eine neue EU-Richtlinie in deutsches Recht umgesetzt, die es Versandhändlern erlaubt, die Kosten für Retouren auf die Kunden abzuwälzen – was sie Umfragen zufolge auch tun wollen. Die Richtlinie soll Mitte 2014 in Kraft treten, was sich erfahrungsgemäß aber noch verzögern wird. Erkunden Sie bei Ihrer örtlichen Verbraucherzentrale die aktuelle Rechtslage!

☻ *Spaßfaktor:* Wegen des Aufwandes etwas gedämpft. Zarte Gemüter werden an den Versandhändler denken, der geschädigt wird, es sei denn, der Händler selbst ist der Bösewicht.

## Aktion 18: Abgeordneten sagen, was Sache ist

🗣 *Anlass:* Abgeordnete sollten die Interessen ihrer Wähler vertreten. Nach Artikel 38 des Grundgesetzes sind sie nur ihrem Gewissen unterworfen und an Aufträge und Weisungen nicht gebunden. Oft erliegen sie aber den Einflüsterungen von Lobbyisten. Die Gründe dafür sind unterschiedlicher Art: Die Parteizugehörigkeit spielt eine Rolle, auch der Druck, sich fraktionskonform zu verhalten. Manchmal sind Spendenzusagen im Spiel, und selbst in Deutschland sind Volksvertreter bisweilen korrupt. Der Normalfall dürfte aber banaler liegen: Bei der Vorbereitung und Beurteilung von Gesetzen sind Abgeordnete auf Detailinformationen angewiesen, die sie in ihrer oft abgehobenen Politikerwelt nicht mehr haben. Hier liegt eine Macht der Lobby – aber auch der Zivilgesellschaft. Auch Bürgerinnen und Bürger können Informationen liefern und damit Abgeordnete beeinflussen. Sie besitzen darüber hinaus eine weitere Waffe: die Drohung mit dem Wahltag. Nutzen Sie diese Beeinflussungschancen, werden Sie Lobbyist!

☑ *Aktion:* Es empfiehlt sich, »Ihrem« Abgeordneten per E-Mail zu schreiben, damit er oder sein Assistent (der die Mail wahrscheinlich als erster zu Gesicht bekommt) sie weiterleiten kann. Ein persönlicher Besuch während der Bürgersprechzeiten der Abgeordneten wäre nur sinnvoll, wenn Sie sehr souverän auftreten können. Unter www.abgeordnetenwatch.de finden Sie Post- und Mail-Adressen aller Abgeordneten des Bundestags, aussuchbar nach Wahlkreis, Partei und Land, unter www.europarl.europa.eu/meps/de/search.html die der Abgeordneten des Europäischen Parlaments, unter www.bundestag.de/bundestag/abgeordnete17/index.jsp die der Abgeordneten in den Bundesländern. Entsprechende Webseiten existieren für jeden Stadt- und Gemeinderat.

Nennen Sie zu Beginn den konkreten Anlass Ihres Schreibens. Beispielsweise: »Ich habe in der Presse von den geplanten Veränderungen des Mietrechtes im Zuge der Energiewende gehört ...« Dann kommt der eigentliche Anlass: »Im Entwurf aus dem Justizministerium dürfen künftig Mieter sogar an Modernisierungsmaßnahmen finanziell beteiligt werden, die nicht durch das Energiegesetz vorgeschrieben sind, aber Energie effizienter nutzen. Damit wird ›Raussanierungen‹ Tür und Tor geöffnet ...« Fahren Sie dann fort: »Ich möchte Ihnen als Betroffener an Hand meiner Situation schildern, wie sich diese Regelung in der Praxis auswirkt ...« Dann schildern Sie an Ihrem Fall die möglichen mieterfeindlichen Auswirkungen. Schließen Sie den Brief mit einer konkreten Aufforderung: »Ich bitte Sie als mein Bundestagsabgeordneter, etwas gegen diesen nicht durchdachten Entwurf zu unternehmen ...« Einen vergleichbaren Brief könnten Sie beispielsweise auch an einen Stadt- oder Gemeinderat schreiben, um auf die schädlichen Auswirkungen einer neuen Verkehrsführung hinzuweisen. Politisch sinnvoll sind auch konkrete Fragen über Absichten und Verhaltensweisen eines Abgeordneten.

Wichtig ist, dass Sie nicht nur landläufigen Protest zum Ausdruck bringen – den hakt der Assistent ab und legt ihn dem Abgeordneten oft gar nicht vor. Äußern Sie vor allem konkrete, persönliche Betroffenheit im Detail, besondere Fakten und möglichst auch Forderungen, was der betreffende Abgeordnete tun soll. Noch wirksamer wird Ihr Brief, wenn Sie ihn unter »Cc« an weitere Abgeordnete und vor allem auch an die Medien schicken. Besondere Aufmerksamkeit bekommen natürlich Briefe, die von weiteren Betroffenen unterschrieben werden.

💣 *Wirkung:* Ein Abgeordneter lebt oft weitab von seinen Wählerinnen und Wählern in einer eigenen Welt. Informationen über einen Missstand in seinem Wahlkreis wird er interessiert aufnehmen – sofern es sich nicht um bereits allgemein bekannte Dinge handelt. Auch die Betroffenen von Gesetzesvorhaben werden mit ihren Einwänden auf offene Ohren der Abgeordneten stoßen. Alle Arten von Äußerungen, die etwas über die Stimmung in der Wählerschaft verraten, verfolgen sie geradezu süchtig. Ein Brief kann für Abgeordnete auch taktischen Wert besitzen. Briefe dokumentieren den Willen seiner Wähler, auf den er sich berufen kann, um sich gegen Fraktionszwänge zu wehren; auch gegen Lobbydruck kann er solche Briefe in Stellung bringen. Wer weiß, vielleicht zitiert er Ihre Äußerung demnächst in einer seiner Reden. Sie formieren mit Ihrem Brief Lobbymacht für den Bürgerprotest!

🕐 *Aufwand:* Mäßig, man formuliert einen maximal einseitigen Brief, der, anders als bei Leserbriefen, nicht hohen sprachlichen Ansprüchen genügen muss.

☂ *Risiken:* Keine.

☺ *Spaßfaktor:* Es kann interessant werden, wenn der Abgeordnete antwortet und man in einen Meinungsaustausch gerät.

## Aktion 19: Per Aufkleber protestieren

*Anlass:* Wie beim Kaufboykott. Es geht gegen Unternehmen, die verantwortungslos wirtschaften, zum Beispiel im Zusammenhang mit Kinderarbeit, Umweltzerstörung, Steuerflucht, Hungerlöhnen, Unterdrückung von Gewerkschaften. Da die kleinen Aufkleber nur sehr knappe Informationen tragen können, beispielsweise »enthält 30 Prozent Kinderarbeit«, »0,3 Prozent gehen an die Näherinnen« oder »Genprodukt!«, muss ein gewisser Informationsgrad in der Öffentlichkeit bereits vorhanden sein. Auf völlig neue Probleme wird man per Aufkleber kaum hinweisen können.

*Aktion:* Voraussetzung ist, dass Sie einen Kurztext (höchstens fünf bis sechs Wörter) gefunden haben, der einen Missstand griffig zum Ausdruck bringt. Dann beschaffen Sie sich beschriebene Aufkleber (selbstklebend, etwa zwei mal vier Zentimeter groß, schwarz-weiß). Man gibt sie in größerer Zahl entweder in gut sortierten Bürobedarfsgeschäften oder im Internet in Auftrag (Suchwort »selbstklebende Etiketten«). Wenn NGOs bereits eine Kampagne gegen ein Unternehmen gestartet haben, kann man sie manchmal auch bei ihnen beziehen. Die Aktion selbst geschieht eher beiläufig während eines Einkaufes. Sie tragen die Aufkleber griffbereit in der Tasche. Wenn Sie an den Waren der zu attackierenden Firma vorbeikommen, kleben Sie auf möglichst viele Produkte ein Etikett auf; desgleichen auf Werbeplakate oder -ankündigungen für die Produkte. Nach kurzer Zeit bekommt man Übung im beiläufigen Aufkleben.

*Wirkung:* Auch kleine Aufkleber fallen im Regal als Störung im gewohnten Produktbild auf. Sie veranlassen die

Konsumenten gerade wegen der knappen Botschaft zum Nachdenken (»Was meinen die damit? Ach ja, da habe ich doch was gelesen …«). Da bei der Fülle unserer Konsumangebote die Kaufalternativen gleich daneben liegen, werden viele das gebrandmarkte Produkt meiden. Sie initiieren mit Ihrer Aktion Kaufboykotte (zu deren Wirkung vergleiche Aktion 14) und halten die Erinnerung an Missstände frisch!

*Aufwand:* Mittel. Die Beschaffung der Etiketten ist nicht schwer und kostet auch nicht viel (1 000 Etiketten zwischen 6,90 und zehn Euro). Die Aktion selbst läuft während Ihres Einkaufs gewissermaßen mit und verursacht nur am Anfang ein bisschen Herzklopfen.

*Risiken:* Mäßig. Zu heftige Anschuldigungen (zum Beispiel »Nestlé = Mörder!) sollten Sie vermeiden, sie könnten im Extremfall zu Klagen führen. Am ehesten werden Sie über die an den Decken angebrachten Kameras ertappt. Die Geschäftsleitung müsste aber einen Schaden nachweisen, um Sie zivilrechtlich zu belangen, zum Beispiel einen durch die Aufkleber verursachten Umsatzeinbruch, was nicht einfach ist. Eine Schädigung der Waren kann kaum geltend gemacht werden, wenn man wieder abziehbare Aufkleber nimmt. Im Falle des Ertapptwerdens droht ein Hausverbot. Wer auf ein bestimmtes Geschäft angewiesen ist, sollte daher Aktionen dort vermeiden.

*Spaßfaktor:* Das heimliche Aufkleben, das diskrete Umschauen nach Angestellten und Deckenkameras machen den Einkauf abenteuerlich!

## Aktion 20: Demnächst im Supermarkt: Einkaufskorb mit unfair hergestellten Waren stehenlassen

*Anlass:* Wie bei Kaufboykotten, siehe Aktion 14.

*Aktion:* Wenn Sie das nächste Mal im Supermarkt einkaufen, könnten Sie einen Einkaufswagen mit Waren einer kritikwürdigen Firma vollpacken, beispielsweise mit Schokolade- und Kakaoprodukten, und den Korb irgendwo im Supermarkt stehen lassen. Legen Sie ein Blatt Papier mit einer handgeschriebenen Botschaft dazu, zum Beispiel »Müller-Milch zahlt zu wenig Steuern«. Der Supermarktmanager soll ja wissen, warum er die Waren wieder einräumen lassen muss!

*Wirkung:* Generell wie bei Kaufboykotten mit dem Vorteil, dass der Protest deutlicher zum Ausdruck kommt. Der Druck auf das verantwortungslos produzierende Unternehmen kommt dabei indirekt, über den Einzelhandel zustande. Der personell knapp kalkulierte Betrieb eines Supermarkts wird gestört, der Korbinhalt muss wieder eingeräumt werden. Der Manager wird mit Ihrem Protest konfrontiert, eventuell auch andere Kunden. Kommt es zu mehreren solcher Vorfälle, wird der Manager sie der Konzernzentrale melden. Die Zentrale wiederum wird die Vorfälle bei den künftigen Einkaufsverhandlungen mit der produktherstellenden Firma verwenden, beispielsweise um die Einkaufspreise zu drücken, vielleicht sogar um auf Abhilfe der Missstände zu drängen. So kommt Ihr im Supermarkt erzeugter kleiner Druck schließlich bei der Firma selbst an! Auch wenn nicht genau abschätzbar ist, ob der Konsumentendruck dieses Ziel tatsächlich erreicht: In jedem Fall haben Sie Ihrem Supermarkt nachdrücklich signalisiert, dass Sie mit den Herstellungsbedingungen dieses Produktes nicht einverstanden sind. Kundenreaktionen werden in dieser Branche sehr aufmerksam registriert! Bei zahlreicher Nachahmung wäre die Aktion ziemlich wirkungsvoll. Sie erzeugt ökonomischen Druck und klärt gleichzeitig auf, was der stille, persönliche Kaufboykott nicht tut.

Diese Aktion wird viele zunächst befremden, weil sie auf dem Rücken schlechtbezahlter Supermarktangestellter stattzufinden scheint, die ja alles wieder einräumen müssen. Aber wäre sie für die Angestellten wirklich unzumutbar? In der Regel bekommen die Mitarbeiter bestimmte Aufgaben zugewiesen, mit denen sie ausgelastet sind. Wenn durch solche Aktionen regelmäßig neue Arbeit anfällt, wird das Management früher oder später Hilfskräfte einstellen müssen. Aber in der Tat zeigt sich hier erneut, dass der berechtigte Druck der Zivilgesellschaft auch unerwünschte Nebenwirkungen haben kann. Jeder muss sie für seine Aktion und seinen Anlass abwägen. Vielleicht darf man hoffen, dass ein Einkaufswagen voll Kakao und Schokolade mit der Aufschrift »50 Prozent Kinderarbeit« ein bisschen Verständnis auch bei schlechtbezahlten Angestellten hervorruft.

*Aufwand:* Auch hier steht vor der Aktion viel Informationsarbeit. Sie müssen ja schließlich wissen, welche Waren sie einpacken und stehenlassen wollen (dazu Aktion 14). Ansonsten tun Sie nicht viel mehr, als Sie im Supermarkt ohnehin tun, nämlich Waren in den Einkaufswagen zu packen.

*Risiken:* Bei der knappen Personalausstattung heutiger Supermärkte ist das Risiko, »erwischt« zu werden, gering. Nach mehreren solcher Aktionen im gleichen Supermarkt könnte es passieren, dass verstärkt beobachtet wird (über die

Kameras an der Decke). Also am besten den Supermarkt nach zwei bis drei Aktionen wechseln! Falls Sie vom Personal bemerkt und zur Rede gestellt werden, könnten Sie mit lauter Stimme erläutern, warum Sie das tun – eine Gelegenheit, andere Kunden auf die Missstände bei der Firma XY aufmerksam zu machen!

Selbst wenn man Sie erwischen sollte und der Supermarkt die Angelegenheit juristisch weiterverfolgen will: Die Folgen sind relativ harmlos, man kann Ihnen Hausverbot erteilen. Deswegen entferntere Supermärkte als Tatort wählen, nicht den, auf den Sie angewiesen sind. Im schlimmsten Fall kommt es zu einer zivilrechtlichen Auseinandersetzung. Wenn Sie verlieren, müssten Sie die Gerichtskosten (in solchen Fällen geringer Streitwert!) übernehmen sowie die Kosten für die Wiedereinräumung der Waren ersetzen. Dazu wird es aber wahrscheinlich nicht kommen. Der Handel scheut erfahrungsgemäß gerichtliche Auseinandersetzungen bei Vorfällen mit ethisch motiviertem Hintergrund.

*Spaßfaktor:* Ein Gefühl diebischer Freude, wenn man den vollen Einkaufskorb irgendwo im Supermarkt stehen lässt, gemildert durch Mitgefühl für die Angestellten, die ihn wieder einräumen müssen!

## Aktion 21: Veröffentlichen Sie Ihren Protest in Leserbriefen

*Anlass:* Anlass für einen Leserbrief ist typischerweise ein Beitrag in einer Tages- oder Wochenzeitung beziehungsweise in ihrer Onlineausgabe. Sie haben durch einen Leserbrief die Möglichkeit, eine falsche oder einseitige Berichterstattung zu kritisieren, sie zu ergänzen oder ihr zuzustimmen. Die Leserbriefabteilungen der Presse verstehen sich oft als eine Art Anwalt der Leserschaft. Auch der Deutsche Presserat empfiehlt seinen Mitgliedern die Ergänzung der Berichterstattung durch Leserbriefe. Übrigens: An Radio- oder Fernsehsender kann man Hörer- oder Zuschauerbriefe ebenfalls schicken!

☑ *Aktion:* Wenn Sie ein Artikel zur Stellungnahme motiviert hat, heißt es, sich schnell ans Schreiben zu machen. Spätestens drei Tage nach Erscheinen sollte ein Leserbrief in der Redaktion eintreffen, damit er rechtzeitig in die Planung der Leserbriefseite kommt. Die Chancen einer Veröffentlichung Ihres Briefes steigen, wenn Sie folgende Dinge beherzigen:

- Leserbriefe sollten nicht mehr als eine halbe Seite umfassen. Je kürzer sie sind, desto weniger muss die Redaktion kürzen. Das erspart Arbeit und macht Ihren Brief sympathisch!
- Äußern Sie nicht allgemeine, landläufige Meinungen, sondern neue, originelle Aspekte!
- Zeitungen fühlen sich besonders verpflichtet, einen Leserbrief zu veröffentlichen, wenn er falsche Fakten korrigiert oder neue präsentiert.
- Wenn Sie im Namen einer thematisch betroffenen Organisation sprechen können, erhöht sich die Aufmerksamkeit der Leserbriefredaktion, eventuell auch der Leserinnen und Leser.
- Leserbriefe mit geschliffenen Formulierungen werden bevorzugt.
- Auf jeden Fall: Zu viel Polemik oder gar Beleidigungen vermeiden!

Adressieren Sie den Brief postalisch an die Leserbriefabteilung, als E-Mail mit Betreff »Leserbrief«, und beziehen Sie sich im Text gleich zu Anfang auf den Titel und das Datum des Beitrags. Ihr Name sowie Adresse und Telefonnummer müssen ebenfalls angegeben werden. Als Mitteilung über die Veröffentlichung Ihres Leserbriefes bekommen Sie in der Regel ein Belegexemplar der Ausgabe zugeschickt. Normalerweise teilt man Ihnen die Nichtveröffentlichung Ihres Briefes mit, meist mit bedauerndem Hinweis auf Platzknappheit in der Leserbriefecke.

*Wirkung:* Leserbriefe schreiben – das klingt im Zeitalter des Internets etwas altbacken, zu sehr der Welt der Printmedien verhaftet. Der Einfluss, den Sie im Fall eines Abdrucks auf die öffentliche Meinung wie auch auf den Verfasser des Beitrags nehmen, ist aber nicht zu unterschätzen. Sie bekommen ein großes Forum und das kostenlos!

Ein Leserbrief wirkt nicht nur, wenn er veröffentlicht und von vielen gelesen wird. Eine zweite, weniger bekannte Wirkung besteht darin, dass die Leserbriefabteilung eingehende Leserbriefe an den Redakteur schickt, dessen Beitrag den Leserbrief veranlasst hat. Wenn Sie in Ihrem Brief weniger bekannte Meinung, sondern neue, interessante Fakten oder Aspekte thematisieren, beeinflussen Sie also ein bisschen die zukünftige Berichterstattung. In vielen Tageszeitungen ist der Redakteur auch angehalten, Stellung zum Leserbrief zu beziehen.

Wie groß ist die Chance, dass Ihr Leserbrief veröffentlicht wird und Sie auf diese Weise öffentlichen Einfluss bekommen? Eine große Tageszeitung wie die *Süddeutsche Zeitung* erreichen pro Jahr etwa 34 000 Zuschriften, das sind pro Arbeitstag etwa 110. Pro Leserbriefecke (an drei bis fünf Wochentagen) werden ungefähr zehn Leserbriefe veröffentlicht.

Ihre Chancen auf Veröffentlichung stehen also gar nicht so schlecht, sie liegen bei zehn Prozent – das ist einen Versuch wert! Die Veröffentlichungschancen verbessern sich noch, wenn man bedenkt, dass etwa ein Viertel der Zuschriften wegen ihres schlechten Stils von vornherein als Konkurrenten wegfallen.

*Aufwand:* Nicht wenig. Man muss schon eine Weile herumfeilen, bis man einen knapp und gut formulierten Leserbrief verfasst hat, und allzu viel Zeit hat man nicht dazu.

*Risiken:* Ihr Name und oft auch Ihr Wohnort stehen unter Ihrem veröffentlichten Leserbrief. Damit werden Sie potentiell durch radikale Andersdenkende persönlich angreifbar. Vielleicht wird Sie Ihr Metzger nicht mehr so gut bedienen, wenn Sie sich für strengere Kontrollen bei der Fleischproduktion stark gemacht haben. Gravierende Fälle von solchen Diskriminierungen sind aber nicht bekannt geworden.

*Spaßfaktor:* Wenn Sie gern formulieren, haben Sie Spaß, auch wenn Ihr Brief nicht veröffentlicht wird. Groß ist natürlich die Zufriedenheit, ja der Stolz, wenn er veröffentlicht wird und Ihr Name darunter steht!

## Aktion 22: Demonstrieren ist gesund

*Anlass:* Demonstrationen sind ein klassisches Mittel der Bürgerinnen und Bürger, ihre Meinung zu äußern und dadurch Einfluss auf politische Entscheidungen aller Art auszuüben. Sie sind im Zeitalter des Internets keineswegs überflüssig geworden. Erst wenn es gelingt, viele Bürger an vielen Orten und über längere Zeiten hinweg auf die Straße zu bringen, nehmen Politiker öffentliche Proteste ernst und beugen sich den Forderungen. Durch Demonstrationen können auch kleine Gruppen auf ihr Anliegen aufmerksam machen. Die Massendemonstrationen der letzten Jahre zu Themen der Ökologie, gegen Atomkraft und gegen Großprojekte wie Stuttgart 21 oder den Bau der Waldschlösschen-Brücke in Dresden zeigen: Demonstrationen sind in Deutschland inzwischen aus dem Dunstkreis des Radikalen und Subversiven heraus und in der Mitte der Gesellschaft angekommen, selbst in »gut«bürgerlichen Kreisen.

☑ *Aktion:* Zunächst müssen Sie in Erfahrung bringen, wann eine Demonstration zu einem Thema stattfindet, für das Sie sich engagieren wollen. Demos werden in der Regel in den Veranstaltungskalendern der örtlichen Tageszeitungen angekündigt. Im Internet finden Sie Demonstrationskalender (zum Beispiel www.bewegung.taz.de/termine oder für Anti-Kriegs-Demos http://www.friedenskooperative.de/termine.htm), oft auch mit regionalem Bezug, wenn Sie in die Netzsuchfunktionen »Demonstrationen Kalender« und Ihre Region eingeben. Sie können außerdem auf den Webseiten der Ihnen politisch nahestehenden örtlichen Organisationen nachsehen.

Zu Demonstrationen rufen meist mehrere Organisationen auf. Entsprechend viele Redner werden zu Beginn sprechen, und entsprechend unterschiedliche Darstellungen und Forderungen werden Sie hören und auf Transparenten sehen. Dann setzt sich der Demonstrationszug auf der angemeldeten Route in Bewegung. Marschieren Sie bei der Gruppe und unter dem Transparent mit, die Ihnen inhaltlich am meisten zusagen. Eine Demonstration lebt von ihren Teilnehmern. Basteln Sie sich ein Pappschild, und schreiben Sie eine griffige Parole darauf! Während des Marsches werden Parolen skandiert. Es ist nicht so schwer, andere zum Mitskandieren einer eigenen, selbst ausgedachten Parole zu bringen. Beginnen Sie einfach mit rhythmischen Rufen, zum Beispiel »Banken an die Ketten, Sozialstaat retten« – Sie werden sehen, die anderen stimmen ein! Am Ziel der Demonstration angelangt, gibt es eine Abschlusskundgebung mit Rede, danach erklärt der Versammlungsleiter die Demonstration für beendet.

💣 *Wirkung:* Eine gut besuchte Demonstration beweist, dass viele so empört über einen Missstand sind, dass sie ihre Zeit opfern und auf die Straße gehen. Eine massenhafte und andauernde Präsenz auf den Straßen wird von Politikern selten einfach ignoriert. Medien berichten über den Missstand, die Politiker müssen Stellung beziehen und Lösungsvorschläge machen. Neben der Wirkung nach außen haben Demonstrationen eine Wirkung nach innen. Der einzelne Demonstrant geht nach einem Gemeinschaftserlebnis politisch motivierter nach Hause. Die Teilnahme von verschiedenen politischen Gruppierungen an Demonstrationen fördert eine gemeinsame Identität des zivilgesellschaftlichen Widerstands. Sie werden mit Gleichgesinnten ins Gespräch kommen, auf neue Ideen kommen, vielleicht Adressen austauschen. Für die Organisatoren, meist Menschen, die lange am Thema einer Demonstration arbeiten, bedeutet die Anwesenheit vieler Menschen Bestätigung und Rückenwind für die weitere politische Auseinandersetzung.

🕐 *Aufwand:* Auf einer Demo mitzugehen ist nicht schwierig, aber etwas zeitaufwendig. Schon die Anfahrt zum Versammlungsort kostet Zeit, dann sind mehrere Reden anzuhören, bis endlich losmarschiert wird. Allein für das Mitmarschieren auf der meist nicht kurzen Strecke ist in der Regel eine Stunde anzusetzen. Dann folgt noch eine Abschlusskundgebung. Wenn man ein eigenes Plakat mit sich führt, kostet dessen Herstellung Zeit und Material und setzt ein gewisses Geschick voraus. Manche müssen auch innere Barrieren überwinden, um zu einer Demonstration zu gehen, versteht man sich doch als »anständiger« Bürger, der ungern gemeinsame Sache mit Menschen macht, die vielleicht radikal oder anarchistisch sind.

*Risiken:* Gering, falls es sich um eine angemeldete und genehmigte Demonstration handelt. Nach Artikel 8 des Grundgesetzes haben alle Deutschen das Recht, sich friedlich und ohne Waffen unter freiem Himmel zu versammeln, und die Rechtsprechung hat diesem Recht immer große Priorität eingeräumt. Auf Großdemonstrationen marschieren manchmal gewaltbereite Demonstranten mit, erkenntlich oft an ihrer Kleidung (»Schwarzer Block«). Sie werden von anwesenden Polizeibeamten beobachtet, zum Teil fotografiert und bei Eskalationen als erste festgenommen – und Sie mit ihnen, falls Sie zu lange in ihrer Nähe mitmarschiert sind! Einige Demonstranten versuchen bisweilen, eine Demonstration fortzusetzen, oft als Spontandemonstration (»Wir ziehen jetzt aus aktuellem Anlass zum Innenministerium«). Dann kann es ebenfalls zu Festnahmen kommen. Falls Sie festgenommen werden: Rechte und Verhaltenstipps auf Seite 225.

*Spaßfaktor:* Groß! Eine Demonstration ist eine gesellige Angelegenheit. Sie lernen neue Leute kennen, treffen unverhofft alte Bekannte, und eine Demo endet oft bei einem Bier oder einem Kaffee. Sie sprechen über die politischen Themen der Demonstration, bekommen Anregungen und neue Informationen. Die Stimmung kann ausgesprochen lustig werden. Auch die ein bis zwei Stunden Bewegung in frischer

Luft fördern Ihr Wohlbefinden. Bei allzu plumpen oder von Ihnen nicht vertretbaren Parolen von Mitdemonstranten fühlt man sich manchmal ein bisschen unwohl, aber mit etwas Toleranz (oder Diskussion!) kann man das aushalten.

## Aktion 23: Konto kündigen und zu einer verantwortungsvollen Bank wechseln

*Anlass:* Viele Banken haben verantwortungslos spekuliert, und die Steuerzahler mussten sie mit Milliardenbeträgen retten. Banken zocken nach wie vor mit riskanten Papieren, spekulieren mit Nahrungsmitteln, machen Geschäfte mit Herstellern international verbotener Streuminen oder investieren in Atomkraft. Fast alle Großbanken vermeiden mithilfe von Steueroasen Steuern und verstecken üble Geschäfte in Schattenbanken und Zweckgesellschaften. Vielleicht sind Sie wie viele andere auch schon einmal Opfer von unfairen Beratungspraktiken einer Bank geworden, die Ihnen toxische Papiere andrehen wollte oder für Kontoüberziehungen überhöhte Zinsen oder Gebühren verlangte. Kurzum: Selten haben sich Bürger und selbst Politiker so ohnmächtig gefühlt wie in den vergangenen Jahren. Hier schreit es geradezu nach zivilgesellschaftlichem Widerstand!

☑ *Aktion:* Prüfen Sie das Sündenregister Ihrer Bank! Klare Antworten liefert ein Banken-Rating von Attac Deutschland, in dem die wichtigsten deutschen Banken unter den Aspekten Spekulationsgeschäfte, Steuervermeidung, Investitionen in Rüstung und Atom und Politikbeeinflussung geprüft wurden (www.attac.de, Suchwort »Krötenwanderung«). Weitere

Informationsquellen finden Sie im Anhang dieses Buches. Falls Sie ein Konto bei der Deutschen Bank oder ihrer Tochter Postbank, bei der Commerzbank, HypoVereinsbank oder anderen privaten Großbanken haben, werden Sie danach bestimmt motiviert sein, dieses samt Depot zu kündigen. Die einzelnen Schritte erläutert eine Checkliste von Attac Deutschland. Wichtig: Erläutern Sie im Kündigungsbrief auch die Gründe, zum Beispiel: »Ich bin mit Ihrer Geschäftspolitik – Spekulation mit Derivaten, Aktivitäten in Steueroasen … – nicht einverstanden …« – die Bank soll ja auch wissen, warum ihr die Kunden weglaufen! Geben Sie im Kündigungsbrief die Bankverbindung an, zu der Ihre Barbestände und Anlagen transferiert werden sollen, Ihre alte Bank muss alles umgehend und kostenlos ausführen.

Zuvor gilt es, ein Konto und ein Depot bei einer neuen Bank zu eröffnen, die verantwortungsvoller wirtschaftet. Aber bei welcher? Im Attac-Rating schneiden Triodos Bank, Umwelt-Bank, EthikBank sowie die anthroposophisch orientierte GLS-Bank (Träger des Deutschen Nachhaltigkeitspreises 2012) gut ab, unter Einschränkungen auch die Volks- und Raiffeisenbanken, die Sparda-Bank und viele Sparkassen. Berücksichtigen Sie aber auch die Servicequalität der neuen Bank, zum Beispiel die Größe des Automaten- und Niederlassungsnetzes (sie ist bei den letztgenannten Banken meistens besser). Nähere Informationen unter www.bankwechsel-jetzt.de oder www.utopia.de/ratgeber/gruenes-banken-brevier-alternative-bankinstitute. Wenn Sie nicht ganz unvermögend sind, käme für Sie auch eine Depotverlagerung zu einer Bank in Betracht, die auf Honorarbasis berät und verwaltet (zum Beispiel die Quirin Bank). Dann können Sie vorgeben, wie Ihr Geld angelegt wird, und beispielsweise Investitionen in Rüstungsfirmen ausschließen.

💣 *Wirkung:* Auch die neue Bank investiert Ihr Geld. Es landet jetzt aber nicht mehr bei Firmen, die Geschäfte in Atomkraft, Gentechnik, Rüstungsgüter oder Agrarfonds tätigen. Einige ethisch verpflichtete Banken investieren bevorzugt in die Energiewende oder in den genossenschaftlichen Wohnungsbau. Mit Ihrem Kontowechsel üben Sie Druck auf die großen Banken aus, verantwortungsvoller zu wirtschaften. Auch große Banken müssen ihr Kundengeschäft ausbauen, davon zeugt die Übernahme der Postbank durch die Deutsche Bank. Kontokündigungen in größerem Ausmaß wären ihnen unangenehm – sie verlieren Kontogebühren, Einnahmen aus Überziehungskrediten, eventuell Depotstimmrechte, und selbst Ihre Kreditschöpfungs- und Eigenkapitalstrategien sind tangiert. Alternative Banken haben ihre Chancen im Kampf um den Kleinkunden übrigens bereits erkannt: Triodos Bank, Sparda-Bank und UmweltBank begrüßten 2011 in Presseerklärungen ethische Bankwechsler und boten ihnen zum Teil Sonderkonditionen.

Bankenwechsel zielt darüber hinaus auf die Politik. Wenn Sie sich zum Bankwechsel entschließen, unterstreichen Sie die Ernsthaftigkeit Ihrer Kritik am Bankwesen und ermutigen so Politiker, den Bankensektor endlich wirksam zu regulieren, zum Beispiel durch Trennung von Kundengeschäft und Investmentbanking, durch Verbot des Handels mit besonders riskanten Derivaten oder durch eine Finanztransaktionssteuer.

🕘 *Aufwand:* Auch wenn man die Hilfen von Attac nutzt, kann ein Bankwechsel aufwendig werden; er ist nicht mit einem Klick auszuführen wie der Wechsel hin zu einem Ökostromanbieter. Mit der Eröffnung eines neuen Kontos und einem Kündigungsbrief ist es ja nicht getan. Danach heißt es, Daueraufträge und -eingänge, Einzugsberechtigungen und so weiter umzustellen, wozu man Adressen recherchieren und Briefe schreiben muss. Manchmal klappen die Umstellungen nicht sofort und erfordern weitere Schritte. Die neue Bank hilft in der Regel bei diesen Umstellungsarbeiten (man kann die Kontoeröffnung notfalls davon abhängig machen). Tipp: Kreuzen Sie auf den Kontobelegen der alten Bank die umzustellenden Daueraufträge und Abbuchungserklärungen an, alles weitere erledigt die neue Bank.

Lästig ist ein Bankwechsel aber immer: Sie müssen sich an neue Kontonummern, Geheimzahlen, Überweisungsverfahren und so weiter gewöhnen. Großbanken bieten oft bessere Zinsen (oder behaupten das in aufwendiger Werbung). Wägen Sie für sich selbst realistisch ab, wie viel dieser Zinsvorteil unter dem Strich tatsächlich ausmacht (Kontogebühren, Überziehungszinsen, Kleingedrucktes und so weiter einbezogen) und ob ein besseres Gewissen nicht wertvoller ist.

*Risiken:* Keine.

*Spaßfaktor:* Gutes Gefühl wie bei allen widerständigen Aktionen, aber etwas eingetrübt durch den bürokratischen Aufwand und durch Sorge um den funktionierenden Zahlungsverkehr während der Kündigungsprozedur. Umso zufriedener werden Sie hinterher sein!

## Aktion 24: Zahlen Sie mit Regionalgeld

*Anlass:* Seit der Finanzkrise denken mehr Menschen kritisch über Geld nach. Dabei gerät das Zinssystem als eine der Ursachen für Schuldenanhäufung, ungerechte Vermögensverteilung und für wiederkehrende Finanzkrisen in den Blick. Auch die Bibel und der Koran fordern an vielen Stellen den Umgang mit zinsfreiem Geld. Mit Geld zahlen müssen allerdings alle, und sie halten so nolens volens ein Geldsystem aufrecht, dessen riskante und ungerechte Folgen inzwischen spürbar sind. In fast 50 Regionen Deutschlands gibt es mittlerweile eine Alternative – oder, genauer gesagt, eine Ergänzung – zum zinsunterworfenen Euro: Regionalgelder. Sie tragen Namen wie »Chiemgauer«, »Havelblüten« oder »Pfälzer«.

Am Beispiel des seit 2003 existierenden Chiemgauer lässt sich das Prinzip der Regionalgelder beschreiben. Die Teilnehmer – Kunden und Geschäfte – tauschen Euros gegen Chiemgauer im Kurs eins zu eins und können mit ihnen in fast 700 Unternehmen der Region einkaufen, inzwischen auch bei einigen Volksbanken und Sparkassen Überweisungen vornehmen. Nun kommt das Entscheidende: Wer nach drei Monaten seinen Chiemgauer nicht ausgegeben hat, muss eine Marke in Höhe von zwei Prozent des Nominalwertes kaufen und auf den Schein kleben. Mit diesem Negativzins soll erreicht werden, dass der Chiemgauer in Umlauf bleibt und den regionalen Wirtschaftskreislauf ankurbelt. Wer seinen Chiemgauer in Euro zurücktauscht, muss rund fünf Prozent an gemeinnützige Vereine zahlen. Die verschiedenen Regionalgeldsysteme funktionieren im Detail unterschiedlich, Gemeinsam ist ihnen allen: Zinsgewinne spielen keine Rolle, es muss im Gegenteil ein Negativzins beachtet werden.

☑ *Aktion:* Finden Sie auf http://de.wikipedia.org/wiki/Liste_der_Regionalgelder heraus, ob in Ihrer Region Regionalgeldsysteme existieren und wer sie organisiert. Die örtlichen Organisatoren erklären Ihnen den Umgang mit dem jeweiligen Geld und geben Ihnen Listen mit den Geschäften, in denen man damit kaufen kann. Übrigens: Sie können Regionalgeld auch zu Geburtstagen oder zu Weihnachten verschenken! Näheres unter www.regionetzwerk.blogspot.de/2012/12/regiogeld-als-geschenk.html.

💣 *Wirkung:* Die meisten Ökonomen lassen kein gutes Haar an Regionalgeldern: Die Geldmenge, die durch Regionalgelder dem zinsbestimmten Geldkreislauf entzogen wird, sei in ihrer Größenordnung zu vernachlässigen; die Systeme seien zu kompliziert; die regionale Wirtschaft werde kaum gefördert; letztlich legten die Bezahlenden drauf. In der Tat hat die Verwendung von Regionalgeld derzeit überwiegend ethische Ziele. Sie ist vor allem Protest, auch wenn der Protestcharakter in der gängigen Außendarstellung der Regionalgelder kaum zum Ausdruck kommt. Wenn Sie mit Regionalgeld zahlen, bringen Sie zum Ausdruck, dass Sie gegen das herrschende Geldsystem sind und leben exemplarisch vor, dass man Geld auch anders verwenden kann! Wichtig ist auch ein pädagogischer Effekt: Wer mit Regionalgeld zahlt, bekommt ein anderes Verhältnis zum Geld. Er lernt, dass man mit Geld auch ohne Gedanken an Zinsgewinne umgehen kann. Dazu zählt seine Verwendung in lokalen und gemeinwohlfördernden Bezügen.

☯ *Aufwand:* Man muss sich erst einmal in die manchmal komplizierten Funktionsweisen des jeweiligen Regionalgeldes hineingedacht haben. An zweierlei Scheine im Portemonnaie gewöhnt man sich noch rasch, aber die Übersicht über die Geschäfte, in denen man – manchmal zu Sonderbedingungen – einkaufen muss, ist nicht immer leicht zu gewinnen. Auch muss man lernen, den am Quartalsende drohenden Wertverlust durch rechtzeitiges Ausgeben zu vermeiden. Beim Rücktausch in Euro zahlt man in der Regel etwas drauf.

☂ *Risiken:* Finanziell gesehen gering, da man die meisten Regionalgelder jederzeit zurücktauschen kann.

☺ *Spaßfaktor:* Wenn man den mit lokalen Symbolen gestalteten Schein zückt, stellt sich oft ein schönes Gefühl der Zugehörigkeit ein.

## Aktion 25: Konsumieren ohne zu kaufen: tauschen, leihen oder gemeinsam nutzen

🔔 *Anlass:* Schnelle Produktzyklen, Billigprodukte und Werbung haben dazu geführt, dass wir nach einer Studie von eBay aus dem Jahre 2008 ungenutzte Geräte im Werte von 35,5 Milliarden Euro in unseren Haushalten herumliegen haben. Viele Dinge nutzen wir nur geringfügig. Bohrmaschinen beispielsweise werden im Laufe ihrer Lebensdauer nur 45 von möglichen 300 Stunden in Betrieb genommen, in Privathaushalten kommt wahrscheinlich nicht mal eine Stunde zusammen. Herstellung und Entsorgung dieser untergenutzten Produkte belasten die Umwelt und unser Portemonnaie. Untergenutzte Gegenstände sind auch ein Ärgernis für alle, die der Konsumgesellschaft und dem Zwang zur steten Konsumausweitung kritisch gegenüberstehen, und eine Provokation für diejenigen, die nicht an ihr teilhaben können. Die Alternative: Man kann Dinge gemeinsam nutzen oder tauschen, auch Dienstleistungen.

☑ *Aktion:* Es gibt viele Wege. Der einfachste führt über das Internet, wo es zahlreiche Tausch- und Ausleihbörsen gibt:
Fürs Auto gibt es Carsharing-Unternehmen. Einen besonderen Service bietet die Plattform www.autonetzer.de, auf der Privatleute ihren PKW anbieten. Sie können dort ein Auto leihen oder Ihr Auto verleihen. Jemanden im Auto gegen Bezahlung mitzunehmen wäre ebenfalls im Sinne der Aktion (dazu www.mitfahrgelegenheit.de).

Überflüssige Alltagsgegenstände werden auf www.netcycler.de, www.pamundo.com oder www.tauschboerse.de angeboten und gegen andere getauscht. Speziell für Kleider gibt es die Seite www.kleiderkreisel.de, die täglich 3500 neu hinzukommende Artikel anbietet. Auf www.frents.de meldet man sich an, wenn man in der eigenen Wohnnähe von Privat Werkzeug ausleihen will.

Auf www.mitwohnen.org erfährt man, wer eine Wohnung gegen Dienstleistungen wie Einkauf, Gartenpflege und so weiter vermietet. Wer Dienstleistungen tauschen will, sucht unter www.tauschboersearbeit.de oder www.exchange-me.de.

Viele dieser Tausch- oder Leihaktionen gelingen am besten auf lokaler, möglichst nachbarschaftlicher Basis, wofür es inzwischen auch schon lokale Internetplattformen gibt. Sie finden sie, wenn Sie in die Suchfunktionen des Internets zum Beispiel »Tausch Dienstleistungen (Ortsangabe)« eingeben. Eine Liste mit 198 Tauschringen in Deutschland finden Sie unter www.tauschring.de. Statt zu tauschen können Sie nicht mehr gebrauchte Dinge übrigens auch an gemeinnützige Organisationen wie www.caritas.de, www.diakonie.de oder www.oxfam.de spenden. Vom Verkauf finanzieren sie ihre gemeinnützige Arbeit.

Etwas aufwendiger, aber erlebnisreicher: Machen Sie eine Tauschparty! Fragen Sie Ihre Nachbarn und Freunde, was sie entbehren können beziehungsweise gerne hätten, und laden

Sie sie dann mit diesen Dingen in Ihre Wohnung ein. Verbindet man eine solche Party mit einer kleinen Modenschau in gebrauchten Kleidern, wird daraus vielleicht ein Riesenspaß! Tipps zur Durchführung einer Klamottentauschparty unter www.myself.de (Stichwort Swap-Party).

Am aufwendigsten ist zweifellos das vertraglich geregelte gemeinsame Eigentum. Hier liefert das Carsharing Vorbilder. Näheres dazu unter www.reset.to. Erfolgreiche Beispiele finden sich auch beim Mietshäuser-Syndikat (www.syndikat.org), einer Organisation, die gemeinschaftliche Wohn- und Bauprojekte unterstützt.

💣 *Wirkung:* Für das *Time Magazine* ist 2012 gemeinschaftlicher Konsum eine von »zehn Ideen, die die Welt verändern«. Die Erfahrung vieler Menschen, dass eine gemeinsame Nutzung nicht so einschränkend ist, wie vielleicht befürchtet und sogar sozialen Gewinn bietet ist, entzieht der Konsumideologie tendenziell die mentalen Grundlagen. Tauschen eliminiert Geld als Mittel, an seine Stelle tritt persönliche Beziehung. Leihen schafft Vertrauen. Die Organisation gemeinsamen Eigentums stärkt die Gemeinschaft.

Wie bei der Verwendung von Regionalgeld praktizieren Sie vorwegnehmend und exemplarisch eine andere Welt, die nicht von egoistischer Nutzenmaximierung bestimmt ist. Darüber hinaus ersparen Sie der Umwelt die Belastungen, die die Herstellung und die Entsorgung von überflüssigen Produkten mit sich bringen. Die möglichen Dimensionen werden deutlich, wenn man in Rechnung stellt, dass nach einer Studie des Bundesumweltministeriums aus dem Jahre 2012 ein Drittel der deutschen Konsumenten bereit sind, Geräte auszuleihen oder zu tauschen. Sicherlich denken viele dabei eher an die Einnahmen beziehungsweise Einsparungen und weniger an Umweltschutz oder an Konsumkritik, aber diese verschiedenen Motive schließen sich ja nicht zwangsläufig aus.

🌑 *Aufwand:* Je nach Aktionsart unterschiedlich. Die Durchführung des Tausches oder des Ausleihens erfordert einen gewissen zeitlichen Aufwand. Dieser fällt umso geringer aus, je nachbarschaftlicher der Ablauf organisiert wird. Ein gewisser Vertrauensvorschuss muss auch vorhanden sein.

☂ *Risiken:* Gering, aber insofern vorhanden, als Tausch, Ausleihen und so weiter meistens auf Vertrauen beruhen, das enttäuscht werden kann.

☺ *Spaßfaktor:* Groß. Man trifft beim Tauschen, Leihen oder gemeinsamen Nutzen Menschen, und man arbeitet – meist erfolgreich – zusammen. Konsumforscher sehen als Ursache für den Trend zum gemeinsamen Konsumieren vor allem den Gewinn an Lebensgefühl und Lebensstil. Angehörige der älteren Generation, für die Sparsamkeit noch ein wichtiger Wert ist, werden das gute Gefühl haben, dass Brauchbares nicht auf dem Müll landet.

## Aktion 26: Im Alltag Flagge zeigen

🨾 *Anlass:* Jeder hat solche Situationen schon erlebt: Ein Mitreisender im Eisenbahnabteil zieht im Gespräch mit seinem Nachbarn so richtig vom Leder, macht laut abfällige Bemerkungen über faule Hartz-IV-Empfänger, kriminelle Ausländer oder über die Homo-Ehe. Alle Anwesenden schweigen – betreten oder zustimmend. Auch Sie erwidern nichts, wofür Sie sich hinterher schämen. Zu Recht: Meinungshoheit wird nicht nur an Stammtischen hergestellt, sondern überall und jederzeit, beim Essen in der Kantine, an der Theke, bei Besprechungen, selbst in der Sauna. Bleiben solche diskriminierenden Sätze unwidersprochen, gewinnen sie an Salonfähigkeit, und ihr Sprecher hätte einen kleinen Sieg im Kampf um die öffentliche Meinung davongetragen. Es ist Bürgerpflicht, in solchen Situationen Flagge zu zeigen, zumindest wenn Dinge geäußert werden, die nicht in das demokratische Meinungsspektrum passen!

☑ *Aktion:* Die richtige Reaktion ist situationsabhängig und erfordert Fingerspitzengefühl. Das Florett dürfte generell angebrachter sein als der Holzhammer. Eine symbolische Geste des Widerspruchs wie ein deutliches Kopfschütteln samt Seufzer oder bezeichnenden Blicken zu den Anwesenden ist das Mindeste, was von Ihnen erwartet werden darf. Man kann auch mit kurzen, sachlich gehaltenen Bemerkungen entgegenhalten: »Bitte reden Sie doch leiser und ein bisschen vorurteilsloser!« Damit läuft man aber Gefahr, in die Rolle des Moralapostels oder Oberlehrers zu geraten. Also nur bei wirklich unakzeptablen Äußerungen eingreifen!

Ein argumentativer Frontalangriff ist eher möglich, wenn sich der Sprecher direkt an die Anwesenden gewendet hatte. In der geschilderten Situation im Zugabteil, in der der Kontrahent scheinbar zu seinem Gesprächspartner und nicht zu den Anwesenden sprach, wäre eine indirekte Antwort elegant. Ziehen Sie Ihr Handy und sagen Sie laut hörbar im simulierten Anruf: »Du, was macht man mit Dumpfbacken? Gerade sitzt mir so eine in der Eisenbahn gegenüber und textet die Leute mit seinem Schwachsinn zu, labert von faulen Hartz-IV-Empfängern ...« Dann warten Sie in Ruhe die Reaktion ab. Kommt keine, haben Sie Ihre Pflicht getan.

Fallen diskriminierende Äußerungen am Kantinentisch, kann man sich unter Berufung auf seinen Magen provokante politische Bemerkungen verbieten und vorschlagen, nach dem Essen zu diskutieren. Schwierig wird es, wenn eine lockere, witzige Gesprächsatmosphäre herrscht, in der man, argumentierte man ernsthaft, leicht als Spielverderber dastünde. Ironisch-übertriebene Zustimmungen wie »Genau, alles stinkfaule Säcke, und erst die Katholiken …« sind dann eher erfolgreich. Besonders heikel ist der Umgang mit politischen Äußerungen, wie sie Vorgesetzte manchmal in Besprechungen absondern. Hier könnte Widerspruch in humorig vorgetragenen Bemerkungen geäußert werden wie »Aber das nehmen wir lieber nicht ins Protokoll …«.

Die Erfahrung zeigt, dass Schwadronierer eher überrascht sind und klein beigeben, wenn sie plötzlich auf Widerspruch stoßen. Wehren sie sich dennoch, hat man die Chance, den ersten Sieg weiter auszubauen. Ein Geschenk sind aggressive Naturen, die sofort auf verbale Eskalation schalten. Wer dann ruhig und sachlich bleibt, hat gewonnen! Sie sollten die Aktion aber nicht unbedingt mit dem Ziel des argumentativen Siegs beginnen, das würde Sie unter Stress setzen. Das politische Ziel ist schon erreicht, wenn Sie überhaupt Widerspruch leisten und so für alle sichtbar eine Grenze zeigen.

*Wirkung:* Schon mit einer kleinen symbolischen Aktion verhindern Sie, dass unakzeptable Meinungen unwidersprochen bleiben und damit als Mehrheitsmeinung erscheinen. Besonders Menschen, deren Meinung ungefestigt ist, besitzen feine Antennen für Meinungshoheit! Öffentliche Meinung entsteht nicht nur über Massenmedien, sondern auch im Alltag über viele kleine Meinungsäußerungen!

🌒 *Aufwand:* Argumentatives Einschreiten erfordert je nach Situation viel Mut und will gekonnt sein! Hat man es ein paar Mal getan, stellt sich Übung ein.

☂ *Risiken:* Es gibt Choleriker, die auf Widerspruch körperlich aggressiv reagieren, vor allem wenn sie alkoholisiert sind!

😃 *Spaßfaktor:* Sie werden sich gut fühlen, wenn Sie Zivilcourage gezeigt haben! Anwesende, die sich vielleicht selbst für ihr Schweigen geschämt haben, werden Ihnen dankbar sein und es Ihnen zumindest körpersprachlich mitteilen – das hebt das Selbstgefühl!

## Aktion 27: Starten Sie Ihre eigene Kampagne im Internet

*Anlass:* Vielleicht haben Sie etwas herausgefunden, was alle wissen sollten. Wie etwa eine Anti-AKW-Gruppe, die recherchiert hat, dass es im Gefolge der Klimaerwärmung in den AKWs Phillipsburg, Cattenom, Fessenheim zu Blitzüberschwemmungen kommen kann, und die diese Information nun verbreiten und diskutieren will. Oder Sie haben einen Protestaufruf gegen die Abschiebung eines Asylbewerbers verfasst, für den Sie Unterschriften bekommen möchten. Oder Sie brauchen Spenden oder Mitstreiter für Ihr Protestprojekt. Dann gibt es – Internet-sei-Dank – eine einfache Möglichkeit, Ihr Anliegen schnell zu verbreiten. Die Tageszeitung *taz* bietet eine Plattform für soziale Bewegungen aller Art (www.bewegung.taz.de), die NGO Greenpeace für

Projekte mit Umweltschutzzielen (www.greenaction.de). Wenn Sie lieber eine Webseite allein für sich haben möchten, können Sie auf www.blogsport.de einen kostenlosen sogenannten Wordpress Blog starten. Für Spenden und Charity-Aktionen gibt es eine Vielzahl von Netzwerken, zum Beispiel: www.startnext.de. Jede Menge Möglichkeiten also, im Internet eine kleine Kampagne loszutreten, wie es die oben genannten AKW-Kritiker auf bewegung.taz getan haben!

☑ *Aktion:* Loggen Sie sich in die genannten Plattformen ein. Die Nutzungsmodalitäten sagen Ihnen, wie Sie Ihr Projekt dort einstellen. Entscheidend ist, dass Sie Ihr Projekt, seinen Anlass und sein Ziel kurz und konkret schildern und genau angeben, was Sie von Unterstützern erwarten: zum Beispiel eine Unterschrift, Spenden, Weiterverbreitung der Information oder nur allgemeine Kenntnisnahme.

💣 *Wirkung:* Aus Ihrer einzelnen Stimme kann ein Chor werden! Ein Erfolgsbeispiel war die Kampagne auf bewegung.taz zugunsten von Wikileaks. Wikileaks hatte geheime Regierungsdokumente veröffentlicht, worauf Anfang 2011 – vermutlich von westlichen Regierungen – ihre Webseite gesperrt wurde. Die Initiatoren der Kampagne boten auf bewegung.taz ein blockier-resistentes Wikileaks-Logo an. Es konnte von Webseiten übernommen werden, so dass von dort ein sicherer Zugang zu Wikileaks möglich wurde. Über 100 Webseiten übernahmen das Logo und zeigten damit ihre Solidarität mit Wikileaks.

Wird die Aufmerksamkeit für Kampagnen nicht abstumpfen, wenn zu viele Bürgerinnen und Bürger Kampagnen ins Internet stellen? Nicht, wenn die Nutzer eine einfache Regel beachten: Wenn bereits andere Initiativen das gleiche Thema bearbeiten, sollten Sie auf sie verweisen. Dann würden die

Informationen gebündelt und die Übersicht verbessert. Auch auf die Betreiber von Kampagnenplattformen kommen Aufgaben zu. Bessere Suchfunktionen, Gliederungen und Übersichten über die Kampagnen würden den Nutzern helfen, sich im digitalen Rauschen zurechtzufinden.

*Aufwand:* Mittel. Sie müssen Ihr Projekt gut, aber knapp beschreiben und dann das Echo verfolgen. Auch Webseiten im Internet leben davon, dass man sie bewirbt. Wenn Sie dann mit Ihrer Aktion Erfolg haben, kann sehr viel Arbeit auf Sie zukommen.

*Risiken:* Keine.

*Spaßfaktor:* Spannung, Hoffnung, Sorge, ob es gelingt, Unterstützer zu finden.

## Aktion 28: Kein Kita-Platz? Nicht jammern – klagen!

*Anlass:* Ab dem 1. August 2013 haben alle Eltern für Kinder zwischen dem vollendeten ersten und dritten Lebensjahr ein Recht auf Betreuung. Diese Betreuung kann unterschiedlich geschehen: in einer privaten oder staatlich organisierten Kindertagesstätte oder durch eine Tagesmutter. In der Pflicht sind die Städte und Kommunen. Der Deutsche Städte- und Gemeindebund schätzt einen Bedarf bei 39 Prozent der Kinder dieser Jahrgänge, in Großstädten bei 50 Prozent und mehr; gesprochen wird von einer – vermutlich noch unterschätzten – Lücke von 220 000 Plätzen. Der Grund für diese Lücke sind fehlende Gelder (wofür werden sie wohl stattdessen ausgegeben?), schlecht gestrickte gesetzliche Vorgaben und Versäumnisse der Kommunen. Man muss kein Prophet sein, um vorauszusagen, dass das Thema Kita-Plätze große öffentliche Aufmerksamkeit erhalten wird, auch im Bundestagswahlkampf.

Was tun, wenn Sie nun für Ihr Kind einen Betreuungsplatz in einer Kita beantragt, aber eine Absage erhalten haben? Dann können Sie gegen die Kommune klagen, was viele Politiker und Elternorganisationen empfehlen. Als realistisches persönliches Ziel einer Klage bietet sich die Einforderung der Mehrkosten für die alternative Betreuung Ihres Kindes an: für die höheren Gebühren in einer privaten Kita, für eine Tagesmutter oder für den Verdienstausfall, wenn Sie daheimbleiben müssen. Ein weniger realistisches Ziel wäre das Einklagen eines sofortigen Platzes in einer bestimmten Kita, denn die Auslastung der kommunalen Kitas ist inzwischen sehr hoch; zu bedenken ist auch, dass Sie sich eventuell zu Lasten anderer Bewerber durchsetzen würden.

Ihre Klage hat aber auch politische Ziele: dem Thema zusammen mit anderen Klägern so viel öffentliche Brisanz zu verschaffen, dass Städte und Gemeinden höhere Zuschüsse und bessere Gesetze bei Bund und Ländern durchsetzen können. Der Deutsche Städtetag hat seinen Mitgliedern bereits geraten, Mehrkosten bei Bund und Ländern einzufordern. Mit einer Klage stärken Sie Ihrer Gemeinde dabei politisch den Rücken, Sie schaden Ihr nicht!

☑ *Aktion:* Voraussetzung ist die Ablehnung Ihres Antrags auf einen Kita-Platz (einzureichen in der Regel beim Jugendamt) durch die Gemeinde oder die Zuteilung eines für Sie ungeeigneten Platzes, beispielsweise wegen der Entfernung. Der Antrag (siehe Musterbrief im Anhang) muss mindestens drei Monate vor Betreuungsbeginn gestellt worden sein, vorher können Sie nicht klagen. Nach der Ablehnung ist in manchen Bundesländern auch noch ein Widerspruch gegen die Ablehnung einzulegen (Musterbrief 4 im Anhang). Dann ist der Weg frei für die Klage. Zuvor sollten Sie geklärt haben, was Sie mit der Klage erreichen wollen: einen Kita-Platz sofort oder den Ersatz der Mehrkosten für alternative Betreuung (durch private Kitas, Tagesmütter oder durch Sie selbst); auch die Zuteilung eines geeigneten zukünftig freiwerdenden Platzes kann ein Ziel sein. Für die Einreichung der Klage beim zuständigen örtlichen Verwaltungsgericht (Adresse steht im Rechtsbehelf der Ablehnung) brauchen Sie in der ersten Instanz keinen Rechtsanwalt. Setzen Sie selbst ein Klageschreiben auf, orientieren Sie sich an dabei an der Musterklage im Anhang!

Sie werden nach längstens drei bis vier Wochen einen Termin für die mündliche Verhandlung genannt bekommen (falls nicht: Untätigkeitsbeschwerde führen, siehe Musterbrief 2), zu der Sie ebenfalls noch keinen Rechtsanwalt brauchen. Verlangen Sie vom Richter Beratung in Form von »richterlichen Hinweisen«, wie Sie Ihre Klageziele am besten erreichen (im Musterklagebrief an das Verwaltungsgericht wird das unter Punkt 4 getan). In der mündlichen Verhandlung müssen Sie Nachweise für Ihre Behauptungen (eventuelle Behinderungen und Notlagen, bisherige Bemühungen um einen Kita-Platz, Kosten der Tagesmutter, Kosten der privaten Kita, Lohnausfall und so weiter) vorlegen. Führt die mündliche Verhandlung nicht zum gewünschten Ergebnis (das heißt, die Klage wird abgelehnt oder das Urteil ist für Sie von Nachteil), könnten Sie in der höheren Instanz weiterklagen. Dazu sollten Sie sich aber mit einem Anwalt beraten.

💣 *Wirkung:* Da die Kita-Rechtsprechung erst in den Anfängen steckt, gibt es bislang wenige Urteile, an denen man sich orientieren kann. Die große Klagewelle wird ab August 2013 erwartet, neue Urteile vielleicht ab Herbst. Informieren Sie sich über die aktuelle Rechtsprechung im Internet auf www.kita-lev.de/faq.htm (unter »Material ... Recht und Urteile«). Was die Aussichten der Klage für Ihre persönliche Situation betrifft, scheinen sie gar nicht so schlecht zu sein. Ein Urteil des Verwaltungsgerichts Mainz vom Mai 2012 gab einer Mutter recht, die die zusätzlichen Kosten für einen teureren privaten Kita-Platz bei der Stadt eingeklagt hatte. Die Klägerin konnte allerdings hieb- und stichfest nachweisen, was sie alles unternommen hatte und dass es sich um den letzten Ausweg handelte.

Auch politisch wird die absehbare Kita-Klagewelle einiges bewirken. Mit Ihrer Klage verbessern Sie die Möglichkeiten Ihrer Gemeinde, der Sozialpolitiker und der Elternverbände, politische Forderungen durchzusetzen, beispielsweise nach mehr Zuschüssen für Kitas, mittelfristig auch nach besseren gesetzlichen Rahmenbedingungen. Vielleicht werden die beteiligten staatlichen Instanzen aber auch versuchen, das Problem durch Einschränkungen der Kita-Leistungen zu »lösen«. Sozialpolitiker befürchten die Vergrößerung von Kita-Gruppen oder die Einstellung von schlechter qualifiziertem Personal. Denkbar wären auch Einsparungen bei Schwimmbädern, Büchereien oder anderen kommunalen Einrichtungen. Es heißt daher, wachsam zu sein und gegebenenfalls aktiv zu werden. Beispielsweise mit entsprechenden Protestbriefen an Gemeinderäte, Landtags- und Bundestagsabgeordnete (Aktion 18), durch Petitionen (Aktion 5), Leserbriefe (Aktion 21), eventuell auch durch die Gründung einer Kita-Elterninitiative (Aktion 50) und durch andere Aktionen des Bürgerprotests!

🌑 *Aufwand:* Einen Klagebrief zu schreiben und eingeschrieben zur Post zu tragen wird niemanden überlasten.

Wenn Vertreter von Jugendämtern von »Nerven wie Stahlseile« sprechen, die klagende Eltern haben müssten, dürfte das eher der Abschreckung dienen. Hilfreich ist es, wenn Sie vorher eine Rechtsschutzversicherung abschließen, die Kita-Klagen einschließt; zu beachten sind dabei Wartezeiten zwischen Vertragsabschluss und Inanspruchnahme des Rechtsschutzes.

*Risiken:* Es ist kaum denkbar, dass Sie oder Ihr Kind mit Nachteilen zu rechnen haben, wenn Sie klagen. Natürlich weiß das Jugendamt aus den Akten, dass Sie geklagt haben. Ein Sachbearbeiter wird sich dadurch aber kaum persönlich angegriffen fühlen, vielleicht sogar Verständnis für Ihre Klage aufbringen. Es handelt sich um ein rechtsstaatliches Verfahren, und es wird sicherlich von sehr vielen Bürgerinnen und Bürgern in Anspruch genommen!

*Spaßfaktor:* Löwenmütter und -väter werden die Rechte ihrer Brut mit Begeisterung einklagen!

## Aktion 29: Whistleblowing: betriebliche Missstände ans Licht bringen

*Anlass:* Wenn Sie in einem Altersheim arbeiten, in dem menschenunwürdige Zustände herrschen; wenn Sie in einer Behörde Zeuge von Korruption werden; wenn Sie in einer Bank von Insiderhandel oder von Hilfen zum Steuerbetrug erfahren; wenn Ihre Firma gegen Gesetze verstößt, beispielsweise im Bereich des Arbeitsschutzes, der Umwelt oder des Kartellrechts. Zunächst sollten Sie versucht haben, betriebsintern etwas gegen solche betrieblichen Missstände zu unternehmen, etwa über den Betriebsrat oder über Ombudsmänner. Neuerdings haben große Firmen intern sogenannte Compliance-Strukturen eingerichtet, über die Mitarbeiter anonym Missstände melden können, beispielsweise die Deutsche Telekom, Bertelsmann, AOK, Commerzbank, Allianz (www.business-keeper.com/whistleblowing-compliance.html).

Wenn der betriebsinterne Weg fruchtlos bleibt, ist »Whistleblowing« angesagt (to blow = blasen, whistle = Flöte): Sie können die betrieblichen Missstände ans Licht der Öffentlichkeit bringen. Begründetes Whistleblowing ist kein »Verrat« am Arbeitgeber. Es geschieht auch im wohlverstandenen Interesse der Wirtschaft, die an der Beseitigung von ungesetzlichen oder unmoralischen Strukturen Interesse haben müsste.

☑ *Aktion:* Prüfen Sie zunächst, wie Sie die Missstände belegen können (möglichst mit Zeit- und Ortsangaben, Namen der Beteiligten, mit Zitaten und Dokumenten). Bei betrieblichen Missständen von großer öffentlicher Relevanz rechtfertigt schon ein begründeter Anfangsverdacht ein Whistleblowing. Nun gilt es zu überlegen, wie Sie Ihr Insiderwissen nach außen bringen. Wenn Sie Ihre Informationen für hieb- und stichfest halten und mutig sind oder ohnehin bald kündigen wollen, können Sie Ihre Hinweise mit Ihrem Namen an Zeitungen, an die Staatsanwaltschaft oder an einschlägige NGOs wie Transparency International oder LobbyControl schicken. Das erhöht Ihre Glaubwürdigkeit und erlaubt, dass zur weiteren Klärung rasch Kontakt mit Ihnen aufgenommen werden kann.

Wegen des persönlichen Risikos (siehe weiter unten) wird Ihnen niemand Vorwürfe machen, wenn sie anonymes Whistleblowing bevorzugen. Dafür gibt es inzwischen eine

Reihe von Internetbriefkästen, die Ihnen Anonymität durch Datenverschlüsselung garantieren, Sie aber gleichzeitig für anonyme Rückfragen erreichbar machen:

- Für überregionale, politisch relevante Hinweise haben Wochenzeitschriften wie *Stern* (www.stern.de), *Zeit* (www.zeit.de/briefkasten/index.html) oder *Westdeutsche Allgemeine Zeitung* (www.derwesten-recherche.org/ueber/) anonyme Onlinebriefkästen eingerichtet, andere Zeitungen werden nachziehen. Die Journalisten prüfen Ihre Hinweise und verarbeiten sie gegebenenfalls zu Beiträgen.
- Hinweise auf Korruption, Wirtschaftskriminalität und rechtsradikale Kriminalität gehen an die Landeskriminalämter und Polizeibehörden einzelner Länder (www.whistleblower-net.de/was-wir-bieten/weitere-angebote/externe-links/).
- Für kartellrechtliche Verstöße in Ihrer Firma hat das Bundeswirtschaftsministerium eine Webseite eingerichtet (www.bundeskartellamt.de, klicken Sie rechts oben »weitere Meldungen«, dann »Hinweise auf Kartellverstöße«).
- Für Verstöße gegen den Tierschutz gibt es die Webseite www.peta.de/whistleblower.
- Die bekanntgewordene internationale Enthüllungsplattform Wikileaks (www.wikileaks.org) kann derzeit (Mitte 2013) als Folge der Angriffe auf sie nicht hochgeladen werden.

Wenn Sie dem digitalen Whistleblowing nicht trauen, können Sie den genannten Institutionen auch einen Brief ohne Absender schicken und für Rückfragen einen Mittelsmann Ihres Vertrauens nennen. Also, es gibt genügend Wege, betriebsinterne Missstände ohne großes persönliches Risiko ans Licht der Öffentlichkeit zu bringen! Bei weiteren Fragen empfiehlt sich eine Beratung durch Whistleblower Netzwerk e. V. oder Cleanstate e. V., die sich als Anlaufstellen für deutsche Whistleblower verstehen.

*Wirkung:* Whistleblowing ist eine wirksame Aktion zivilgesellschaftlichen Widerstandes. Die Macht des Insiderwissens ist groß – nicht nur Spekulanten, auch die Zivilgesellschaft sollte sie nutzen! Beispiele für ein folgenreiches Whistleblowing waren die CDs mit den Namen von Steuerhinterziehern, die Mitarbeiter Schweizer Banken an deutsche Finanzbehörden geschickt hatten. Wichtig ist die langfristige Wirkung solcher Insiderhinweise. Wenn Firmen und Behörden wissen, dass ihre Mitarbeiter leicht und gefahrlos Gesetzesverstöße melden können, werden sie sich akzeptabler verhalten – übrigens auch gegenüber den Mitarbeitern selbst, deren »Rache« sie fürchten müssen.

Whistleblowing wird auch für Mobbing und Rufmord missbraucht. Etwa 60 Prozent der in Briefkästen von Zeitschriften eingehenden Meldungen sollen nach Aussagen der *Westdeutschen Allgemeinen Zeitung* Spam sein, das heißt, sie denunzieren nur oder sind offensichtlich haltlos. Bei den meisten Briefkästen werden anonyme Hinweise einem Beurteilungsprozess unterzogen und durch Rückfragen weiter geklärt, so dass bloße Denunziationen wahrscheinlich aussortiert werden. Manchmal verbinden sich beim Whistleblowing Rachemotive gegenüber dem Chef mit Aufklärungsabsichten: Firmen, die gegen Gesetze verstoßen, behandeln meistens auch ihre Mitarbeiter schlecht.

*Aufwand:* Beträchtlich, da man die Enthüllungen belegen muss, was mit Scannen, Kopieren, Zusammenstellen und mit viel Schreiberei verbunden ist. Nach dem ersten Hinweis ist die Aktion selten beendet. Es kommen Nachfragen, eventuell sind weitere Enthüllungen und Recherchen nötig.

☂ *Risiken:* Je nach Vorgehensweise. Gering bei Benutzung offizieller und verschlüsselter Hinweiskanäle. Ganz sicher ist nur das absenderlose Einwerfen via Post, das aber nur bei sehr überzeugenden Hinweisen berücksichtigt wird. Vorsicht bei der Beifügung von Originaldokumenten! Sie können durch absichtlich eingefügte Tippfehler oder unterschiedliche Textversionen versteckte Hinweise auf den Übermittler enthalten.

Ihr Arbeitgeber wird versuchen, das betriebsinterne Leck aufzuspüren, und eventuell Repressalien gegen Sie (oder gegen Kollegen, auch das ist zu bedenken!) ergreifen. Man könnte Ihnen kündigen, Sie versetzen oder mobben. Auch arbeitsrechtliche Schritte gegen Sie sind denkbar, kamen bisher aber nicht sehr häufig vor. Zwar schützt ein Urteil des Bundesverfassungsgerichts Whistleblower, die »gutgläubig« und »nicht leichtfertig« von der Richtigkeit der Vorwürfe ausgehen. Rechtlich ist manchmal aber nicht leicht zu beurteilen, ob der Arbeitgeber Ihnen eine arbeitsrechtliche Pflichtverletzung (zum Beispiel gegen die Verschwiegenheitspflicht) vorwerfen und eine Kündigung aussprechen kann. Mitte Juni 2012 wurde im Deutschen Bundestag über ein Gesetz zum Schutz von Whistleblower diskutiert, das die Grauzonen schließen soll. Ziehen Sie auch in Betracht, dass Whistleblowing das Arbeitsklima in einem Betrieb verändern kann. Falls Sie in Verdacht geraten, der Whistleblower zu sein, müssen Sie mit Problemen durch Kollegen rechnen.

☺ *Spaßfaktor:* Sie werden wieder motivierter zur Arbeit gehen, wenn Sie etwas gegen die betrieblichen Missstände unternommen haben, vor allem dann, wenn diese danach beseitigt wurden. Vielleicht werden Sie sich ein bisschen als Verräter vorkommen, aber das kann auch seine Reize haben, wenn Ihr Whistleblowing legitim und notwendig war.

## Aktion 30: Hartz-IV-Eingliederungsvereinbarung nicht oder nur unter Vorbehalt unterschreiben

*Anlass:* Die geltenden Regelungen zum Arbeitslosengeld II – besser unter Hartz IV bekannt – ermöglichen kein menschenwürdiges Leben. Das ist inzwischen gewissermaßen amtlich: Einem Urteil der 55. Kammer des Berliner Sozialgerichts aus dem Jahre 2012 ist zu entnehmen, dass die staatlichen Hartz-IV-Leistungen gegen das Grundrecht auf eine menschenwürdige Existenz verstoßen. Für ein reiches Land wie Deutschland, das sich in Artikel 1 seines Grundgesetzes dem Schutz der Menschenwürde verpflichtet hat, sind die immer wieder verschärften Hartz-IV-Regelungen beschämend. Und in höchstem Maße ungerecht, zieht man die Milliarden in Betracht, die zur Stützung von Banken ausgegeben wurden! Eine Protesthaltung gegenüber Hartz IV ist moralisch gerechtfertigt! Wer die vorgesehene »Eingliederungsvereinbarung« unterschreibt, stimmt dem ungerechten Hartz-IV-System implizit zu und bringt sich in eine juristisch schlechtere Lage. Sie müssen die Eingliederungsvereinbarung nicht unterschreiben! Das setzt allerdings Nervenstärke voraus.

☑ *Aktion:* Sie werden sich bei dieser Aktion sicherer fühlen, wenn Sie nicht allein, sondern mit einem Bekannten auf dem Amt erscheinen. Nach Sozialgesetzbuch X, Paragraph

13 haben Sie das Recht, mit einem »Beistand« zu kommen. Ein solcher Beistand muss kein Jurist sein, aber Sie sollten ihn vorher über Ihre Absicht und Vorgehensweise instruiert haben. Notfalls genügt es aber auch schon, wenn er oder sie bloß dabeisitzt und ab und zu Notizen macht! Die Anwesenheit eines Dritten (und möglichen Zeugen) verringert die Gefahr einer Eskalation und einer für Sie nachteiligen Entscheidung des Sachbearbeiters (vergleiche Aktion 8).

Wenn Ihr Sachbearbeiter die Eingliederungsvereinbarung vorlegt, lesen Sie sie in aller Ruhe durch. Stellen Sie Fragen, lassen Sie sich alles erläutern, vor allem auch die Pflichten der Arbeitsagentur beziehungsweise des Jobcenters. Danach könnten Sie sagen, dass Sie sich an Ihre vereinbarten Pflichten halten wollen, Hartz IV aber insgesamt für ungerecht und menschenunwürdig halten und daher nur mit folgendem Vorbehalt unterschreiben möchten: »Unter Vorbehalt, dass nicht speziellere gesetzliche Regelungen maßgeblich sind, die mit geltendem Sozialrecht und dem Grundgesetz der Bundesrepublik Deutschland vereinbar sind.« Falls der Sachbearbeiter dies ablehnt, protestieren Sie und erklären, dass Sie die Vereinbarung nun nicht unterschreiben könnten. In aller Regel wird die Behörde dann den Inhalt der Eingliederungsvereinbarung per Verwaltungsakt verfügen, damit Sie weiterhin Ihre Unterstützung bekommen können.

Unter www.grundrechte-brandbrief.de finden Sie weitere praktische Tipps. Die Erfahrungen von Unterschriftsverweigerern zeigen, dass gegenüber den Sachbearbeitern diplomatisches Verhalten entscheidend ist. Immer beachten: Sie lehnen die mit der Unterschrift verbundene Entrechtung aus allgemeinen rechtlichen Gründen ab, nicht weil Sie sich Ihren Hartz-IV-Pflichten entziehen wollen! Auf keinen Fall sollten Sie aggressiv werden. Ihr Sachbearbeiter ist nicht schuld an den Hartz-IV-Regelungen, vielleicht kritisiert er sie selbst. Sachbearbeiter stehen unter Zeitdruck, die meisten möchten solche Fälle möglichst geräuschlos und arbeitssparend zu Ende bringen. Fordern Sie eine Verschiebung der Besprechung, falls die Stimmung unangenehm wird.

Bei Eskalierung des Konfliktes könnten Sie die Möglichkeit einer Dienstaufsichtsbeschwerde gegen den Sachbearbeiter oder einer Fachaufsichtsbeschwerde gegen die Unterbehörde in den Raum stellen. Elegant wäre es, wenn Sie dabei nicht plump drohen, sondern sich harmlos erkundigen, wie Sie bei einer Dienstaufsichtsbeschwerde vorgehen könnten. Der Sachbearbeiter ist verpflichtet, Ihnen Auskunft zu geben. Auch wenn Dienstaufsichtsbeschwerden oft im Sand verlaufen: Behörden wie Beamte scheuen sie, denn sie machen Arbeit (auch den Vorgesetzten). Wenn Sie sich zu einer Dienstaufsichtsbeschwerde entschließen, halten Sie sich an den Musterbrief im Anhang. Weitere Tipps unter www.hartz 4hilfthartz4.de).

💣 *Wirkung:* Sie werden mit Ihrer Unterschriftsverweigerung das ungerechte Hartz-IV-System nicht unmittelbar verändern, dazu wären weitreichende sozialpolitische Entscheidungen nötig. Aber Sie tragen mit Ihrer kleinen Verweigerung dazu bei, dass ein bisschen Druck in diese Richtung entsteht. Ihr Sachbearbeiter wird Ihre Unterschriftsverweigerung »nach oben« und in die Rechtsabteilung melden. Wenn viele verweigern, entsteht ein Verwaltungsproblem, das eine politische Lösung verlangt. Sie haben aber auch persönliche Vorteile. Wenn Sie die Eingliederungsvereinbarung nicht oder unter Vorbehalt unterschreiben, verbessert das Ihre rechtliche Position. Erlässt eine Behörde danach einen für Sie nachteiligen Verwaltungsakt, muss dieser höheren rechtlichen Anforderungen genügen. Damit eröffnen sich

Chancen weiterer rechtlicher Gegenwehr bis hin zur Klage vor dem Verwaltungsgericht. Dazu sollten Sie aber unbedingt eine Hartz-IV-Beratung oder einen Fachanwalt für Sozialrecht aufsuchen.

🌓 *Aufwand:* Mittel. Vor allem Nervenstärke ist vonnöten. Hinzu kommt der Aufwand, einen Begleiter zu finden.

☂ *Risiken:* Falls Sie Ihre Unterschrift verweigern, wird Ihnen beim gegenwärtigen Stand der Erfahrungen nicht viel passieren. Der Paragraph des Sozialgesetzbuches, nach dem eine nicht geleistete Unterschrift zur Kürzung von Regelleistungen führen konnte, wurde abgeschafft, weil ihn das Bundesverfassungsgericht als verfassungswidrig eingestuft hat. Manche Sachbearbeiter werden versuchen, dennoch Druck auszuüben nach dem Motto »Entweder Sie unterschreiben oder Sie bekommen zuerst einmal kein Geld …«. Gegen eine solche unangemessene Amtshandlung sollten Sie protestieren. Weisen Sie noch einmal darauf hin, dass Sie ja bereit sind, Ihren Teil der Eingliederungsvereinbarung einzuhalten, und dass Sie im Vorbehalt ja nichts anderes als die grundgesetzkonforme Anwendung der Hartz-IV-Vorschriften thematisieren. Es bleibt die Möglichkeit, eine Dienstaufsichtsbeschwerde in den Raum zu stellen, was oft als letztes Mittel hilft. Falls der Sachbearbeiter hartnäckig dabei bleibt, die Auszahlung zu verweigern, können Sie immer noch einlenken. Bis heute sind im Internet keine Fälle zu finden, in denen eine mit der beschriebenen Klausel begründete und diplomatisch vorgetragene Unterschriftsverweigerung zur Streichung des Anspruches geführt hat.

☺ *Spaßfaktor:* Gering, weil Hartz IV generell die Laune verdirbt.

## Aktion 31: Aktion Hundehaufen

🐕 *Anlass:* In einigen deutschen Städten markieren Bürger Hundehaufen mit kleinen Fähnchen (zum Teil in den Nationalfarben), um auf das öffentliche Ärgernis aufmerksam zu machen. In der Gemeinde Espenau (Hessen) tun es sogar Gemeindebedienstete im Auftrag des Bürgermeisters. Warum auf solchen Fähnchen nicht auch politische Missstände thematisieren, den Hundehaufen also zur Gewinnung von Aufmerksamkeit und witzigen Assoziationen benutzen? Ein Fähnchen »Leistung aus Leidenschaft« mit dem Logo der Deutschen Bank auf einem Hundehaufen würde vielfältige Assoziationen auslösen und zur kritischen Demontage des Slogans beitragen. Etwas für Kommunikationsguerilleros und Anhänger schrägen Humors!

☑ *Aktion:* Überlegen Sie sich, was Sie auf das Fähnchen schreiben wollen. Gesucht sind Symbole oder Texte, die einen öffentlichen Missstand knapp thematisieren, beispielsweise »Wasserwerke privatisieren!« oder das Logo einer aktuellen Skandalfirma. Kontraproduktiv wären eigene Forderungen wie »NPD verbieten«, weil sie sich durch die Assoziation mit dem Hundekot selbst demontieren würden. Ein NPD-Fähnchen hingegen würde funktionieren, ebenso die Logos von Lidl oder KiK. Finden Sie Aufschriften, die hintergründige Assoziationen mit dem Hundehaufen begünstigen wie »Mit Essen spielt man nicht! Spekulationsverbot!«.

Fähnchen samt Stecken kann man sich bei Internetanbietern drucken lassen. Eine eigene Herstellung wäre technisch nicht schwierig (Text per PC zweifach nebeneinander ausdrucken, ausschneiden und über den Stab kleben), aber arbeitsaufwendig. Dann schreiten Sie zur Tat, am besten in Parks und

Grünanlagen, auf viel begangenen Trottoirs sind Hundehaufen selten oder platt geworden. Man muss einen Kompromiss finden: 10 mal 20 Zentimeter große Fähnchen an 20 bis 30 Zentimeter langen Stangen sieht man schon von weitem, sie lassen sich aber nicht immer in den kleinen Haufen verankern. Kleine Fähnchen an zahnstochergroßen Stäbchen halten besser, aber man erkennt die Aufschrift von weitem nicht.

*Wirkung:* Sie machen mit solchen Aktionen die Symbole oder Botschaften des politischen Gegners oder verantwortungslos handelnder Unternehmen lächerlich, weil implizit Assoziationen mit dem Hundekot und dem öffentlichen Ärgernis, das er darstellt, hergestellt werden. Der Schmunzelfaktor bewirkt, dass die politische Botschaft nicht sofort abgewehrt wird. Aufmerksamkeitsfördernd ist das paradoxe Moment: Der Betrachter wird stutzig und denkt darüber nach, was die politische Botschaft denn mit der hygienischen zu tun hat, nimmt die Aktion vielleicht zum Anlass, mit anderen darüber zu sprechen. Die Fähnchen in den Häufchen könnten darüber hinaus Bürgerengagement signalisieren: »So wie wir das Ärgernis Hundehaufen nicht dulden, dulden wir auch nicht den auf den Fähnchen thematisierten politischen Missstand.« Aber wir befinden uns hier im Bereich der Spekulation, die Praxis wird Erfahrungswerte bringen!

*Aufwand:* Sie brauchen Zeit zum Nachdenken, um sich die Botschaften auf den Fähnchen auszudenken. Nicht gerade billig ist das Drucken der Fähnchen mit eigenem Text. 100 einfarbige Fähnchen mit nur zahnstochergroßen Stangen kosten bei Internetanbietern 107 Euro! Also vielleicht doch lieber selbst basteln, Sie brauchen ja nicht unbedingt eine große Anzahl.

☂ *Risiken:* Keine.

😃 *Spaßfaktor:* Sie müssen einen Sinn für schrägen Humor haben!

## Aktion 32: Protestieren Sie mit Filzstift oder Spraydose

🔔 *Anlass:* Botschaften, die man an Wände sprüht oder pinselt, müssen naturgemäß kurz sein, viel Information ist nicht übermittelbar. Ein gewisser Informationsgrad der Öffentlichkeit über einen Missstand muss also bereits vorhanden sein, damit Wandparolen sinnvoll sind. Sie sind daher eher geeignet, das öffentliche Vergessen von bereits Bekanntem zu verhindern, als über Neues aufzuklären. Wandparolen wie »Hartz4 = menschenunwürdig« halten beispielsweise die Erinnerung an einen skandalösen Dauerzustand aufrecht, an den wir uns zu gewöhnen drohen.

☑ *Aktion:* Früher zog man mit Pinsel und Farbtopf los, heute erleichtern Spraydosen und Filzschreiber das Geschäft. Filzschreiber hat man schnell zur Hand, ebenso rasch ist mit ihnen etwas geschrieben. Sie eignen sich aber nur für kleinere Schriftgrößen auf glatten, sauberen Untergründen. Freihändig zu sprayen muss geübt sein, besser man sprayt auf Pappschablonen. Wie man sie herstellt, kann man in dem Buch *go.stop.act! Die Kunst des kreativen Straßenprotests* von Marc Amann (2011, Seite 155) nachlesen. Nicht zu vergessen: die gute alte Kreide. Sie ist billig, umweltverträglich, beschädigt den Untergrund nicht, hält aber leider nicht lange. Übrigens gibt es inzwischen auch Sprühkreide in der Spraydose, die man für Schriftzüge oder Schablonen verwenden kann.

Geeignete Orte, um Text aufzubringen, sind Stellen, an denen viele Passanten vorbeikommen, ferner Orte, an denen man stehenbleibt. Suchen Sie nach Blickachsen und exponierten Stellen! Günstig sind Stellen, an denen der Eigentümer Ihren Text nicht gleich wieder entfernen kann. Bei Mauern beachten, dass deren Steinoberfläche Farbe nicht stark aufsaugt (eventuell hohe Reinigungskosten!). Bauzäune wären gut, sind aber meistens bereits von Plakaten bedeckt. Schlecht sind Türen und Scheiben, weil Aufschriften dort nicht lange geduldet werden. Auf Bürgersteige wird übrigens in Deutschland nur selten geschrieben. Toiletten hätten den Vorteil, dass Menschen dort längere Zeit verweilen, sie sind aber als Ort abstoßend und oft bereits von unseriösen Aufschriften übersät, was auf die eigene Botschaft negativ abfärbt.

Inzwischen hat sich eine Kultur ästhetisch anspruchsvoller sozialkritischer Graffiti etabliert, die auch für die Wahrnehmung der Passanten Maßstäbe setzt. Mit plumpen, schlampigen Schriftzügen animiert man in der Konkurrenz der Parolen niemanden zum Lesen. Und selbst wenn sie gelesen wird: Eine hingeschluderte Botschaft wird nur wenig Überzeugungskraft entfalten. Allerdings können auch laienhafte Schriftzüge besondere Authentizität und Charme entfalten, wenn sie auf kleinräumige Themen aufmerksam machen (zum Beispiel »Wo bleibt unsere KITA?«). Damit eine Parole zum Lesen und Nachdenken anregt, kann man sie mit provokativen Wörtern und Symbolen oder mit paradoxen Botschaften versehen.

💣 *Wirkung:* Überall sichtbare Botschaften tragen dazu bei, dass die kollektive Erinnerung an einen Missstand nicht verblasst. Viel hängt vom Text ab. Eine pfiffige Parole bleibt in Erinnerung wie ein Ohrwurm und animiert zum Nachdenken. Plumpe, geschmierte, beleidigende Parolen fallen auf den Urheber zurück. Passanten fühlen sich dann belästigt, was der Botschaft schadet! Beobachten Sie einmal selbst, wie Sie auf Parolen reagieren, die Sie in Fußgängerunterführungen oder auf WCs finden! Im öffentlichen Raum sichtbare politische Botschaften können ein ästhetischer und inhaltlicher Kontrapunkt zur Omnipräsenz der kommerziellen Werbung sein!

*Aufwand:* Ästhetisch ansprechende Botschaften zu sprayen oder zu schreiben erfordert einige Übung. Auch wollen Schablonen und Logos erst einmal hergestellt sein. Die Aktion selbst geht rasch, am schnellsten zu zweit, wenn einer die Schablone hält, der andere darüber sprayt. Viel Gedankenaufwand erfordert es, gute Parolen zu texten.

*Risiken:* Parolen zu pinseln ist als solches kein Straftatbestand, aber oft mit einer Sachbeschädigung verbunden. Der Eigentümer der Fläche könnte Ihnen dann einen neuen Anstrich oder Reinigungsaktionen in Rechnung stellen. Dazu muss er aber beweisen, dass Sie Täter beziehungsweise Mittäter waren, dazu den Schaden nachweisen und angemessene Beseitigungskosten begründen. Wie beim Plakatekleben ist abzuwägen, ob das Risiko, »erwischt« zu werden, tagsüber oder nachts größer ist. Nächtliche Aktionen fallen eher auf, sofern jemand da ist, der sie beobachtet. Falls der Eigentümer Sie auf frischer Tat bei einer Sachbeschädigung ertappt, darf er Sie übrigens vorläufig festnehmen, bis die Polizei kommt.

*Spaßfaktor:* Etwas getrübt durch die Angst, erwischt zu werden und möglicherweise Schadensersatz leisten zu müssen. Aber Genugtuung, wenn man seine Parolen später immer wieder sieht – sofern sie inhaltlich und ästhetisch gelungen sind. Falls nicht, ein tägliches Gefühl der Peinlichkeit.

## Aktion 33: Unterschriften sammeln

*Anlass:* Immer wenn Sie Entscheidungsträger dazu bringen wollen, etwas gegen Missstände zu unternehmen oder falsche Entscheidungen zu korrigieren. Da Sie durch persönliche Sammlung von Unterschriften kaum sehr hohe Unterzeichnerzahlen erreichen werden, sind sie vor allem bei Entscheidungen von lokaler Bedeutung geeignet. Beispielsweise gegen den Verkauf von preiswerten Genossenschaftswohnungen, zur Einrichtung einer Rampe im Bahnhof für Mütter mit Kinderwägen, zum Verzicht auf den Einsatz von Laubbläsern. Es ist wenig sinnvoll, eine eigene Unterschriftenaktion »Rettet den Regenwald« zu starten und an den Umweltminister zu schicken!

*Aktion:* Bereiten Sie einen kurzen und konsensfähig formulierten Text vor, der sich an den zu beeinflussenden Entscheidungsträger richtet. Beschreiben Sie das Problem, und schlagen Sie einen Lösungsweg vor. Der Text endet mit einer Forderung (»Die Unterzeichnenden fordern …«), was der Entscheidungsträger (Kommune, Land, eventuell Unternehmen) tun soll. Diese Forderung muss nicht unbedingt sehr konkret sein, schließlich sind Sie normaler Bürger, kein Fachmann. Die Angabe eines Handlungszieles »… zu handeln, damit dieser unhaltbare Zustand bis Ende des Jahres beseitigt wird« sollte aber mindestens dabei sein. Unter diesen

Text setzen Sie sechs Spalten mit Datum, Vor- und Nachnamen, Straße, Postleitzahl, Ort und Unterschrift. Heften Sie weitere numierte Folgeseiten für Unterschriften an, auf denen aber zumindest die Hauptforderung noch einmal oben wiedergeben ist, damit alle Unterzeichnenden wissen, was sie unterschreiben. Am besten, Sie tragen sich exemplarisch gleich auf der ersten Seite an erster Stelle ein. Eine Überschrift in großen Lettern sollte das Anliegen kurz kennzeichnen.

Wie erreichen Sie möglichst viele Unterschriften? Dazu gibt es mehrere Wege. Man kann in kleineren Geschäften, in Friseursalons, bei Ärzten – überall dort, wo Menschen warten – fragen, ob man die Unterschriftenliste auslegen oder an einer Schnur samt Stift aufhängen darf. Aufwendiger, aber ergebnisreicher ist es, sich samt Stift und Klemmbrett an einen frequentierten Ort zu stellen und Passanten um Unterschriften zu bitten. Am besten mit einem umgehängten Plakat, das kurz auf das Anliegen aufmerksam macht. Dabei aktiv auf Leute zugehen und ohne große Umschweife zur Sache kommen (»Ich wohne auch hier und bin gegen die geplante Fällung von Bäumen zugunsten von Parkplätzen. Bitte unterschreiben Sie unsere Forderung an den Bürgermeister …«). Bei Themen mit kleinräumiger Bedeutung ist es ergebnisreich, aber mühselig, von Haustür zu Haustür zu gehen und um Unterschriften zu bitten. Man kann die erste Seite der Unterschriftenliste auch in Briefkästen einwerfen. Diese müsste dann mit einer gesonderten Bitte um Unterschrift und um die Abgabe zum Beispiel in einem Geschäft versehen sein. Übrigens: Auch Kinder können Aufrufe unterschreiben!

Damit möglichst viele Menschen von der Aktion erfahren, schickt man eine Woche vor Beginn eine Pressemitteilung an örtliche Medien, in der das Anliegen und die Orte genannt werden, wo unterschrieben werden kann. Treffen Sie beim Unterschriftensammeln auf jemanden, der von der Aktion begeistert ist, könnten Sie ihn vielleicht zum Mitmachen bewegen. Günstig ist es, wenn Sie Prominente finden, die unterschreiben. Das kann man am Ende des Einleitungstextes hervorheben (»Zu den ersten Unterzeichnern der Forderung zählen ...«).

Wenn Sie meinen, genügend Unterschriften gesammelt zu haben – weniger als 100 Unterschriften machen im allgemeinen wenig Eindruck –, heißt es, die Originale dem Adressaten zu übergeben (Sie dürfen die Unterschriftenlisten aus Datenschutzgründen nicht kopieren oder speichern). Optimal wäre eine persönliche Übergabe durch Sie an einen Vertreter der entscheidenden Institution (zum Beispiel an den Bürgermeister, notfalls an den Pressereferenten). Inszenieren Sie die Übergabe als Event für die örtlichen Medien, damit Ihr Anliegen auf diese Weise weitere öffentliche Aufmerksamkeit bekommt. Beispielsweise könnte man die Listen zusammenkleben und spektakulär vor dem Bürgermeister entrollen. Auch die Anwesenheit möglichst vieler Mitstreiter gibt ein schönes Bild. Schlagen Sie der Pressestelle der betreffenden Institution (zum Beispiel Gemeindeverwaltung) ein solches Event vor. Vergessen Sie nicht, die Anwesenheit örtlicher Medienvertreter zu erwähnen, dann ist die Bereitschaft zu einer persönlichen Entgegennahme größer. Wenn Ablauf, Termin und Ort feststehen, informieren Sie alle örtlichen Medien (Tageszeitungen, Stadtteilblätter, Lokalredaktionen des Rundfunks und Fernsehens).

Falls der betroffene Entscheidungsträger eine persönliche Übergabe ablehnt, ziehen Sie möglichst mit Mitstreitern zum angegebenen Termin der »Übergabe« vor den Eingang der betreffenden Institution, und nun haben Sie zwei Möglichkeiten: Entweder machen Sie eine Show und rufen nach dem

Entscheidungsträger (»Herr XY, wir möchten Ihnen Forderungen übergeben ...«), oder Sie werfen die Unterschriftenlisten eine nach der anderen in den Briefkasten. Auch das liefert öffentliche Aufmerksamkeit, vor allem, wenn es am Rathaus der Stadt stattfindet. Auf jeden Fall sollten Sie die Übergabe fotografieren oder filmen für eine weitere Pressemitteilung und für YouTube!

*Wirkung:* Kann groß sein, wenn man, gemessen an der Zahl der örtlich betroffenen Bürgerinnen und Bürger, viele Unterschriften gesammelt hat. Politiker stellen sich gern als Volksvertreter dar, die sich einem dokumentierten Bürgerwillen anschließen. Selbst wenn es sich dabei nur um folgenlose Worte handelt, kann es für die Erreichung des Aktionszieles nützlich sein. Politiker verwenden Unterschriftenaktionen auch, um mit ihnen Politik zu machen, etwa in ihrer Partei oder gegenüber Verwaltungen.

*Aufwand:* Beträchtlich. Schon das Sammeln der Unterschriften ist zeitraubend, eine gute Inszenierung der Übergabe will vorbereitet sein.

*Risiken:* Gering. Jeder hat das Recht, ohne Anmeldung und Genehmigung Unterschriften zu sammeln. Nur in Schulen, Bahnhöfen sowie auf Privatgrundstücken ist eine Genehmigung einzuholen. Bei Verstößen droht ein Platzverweis, Schädigungsklagen sind nicht vorstellbar.

*Spaßfaktor:* Das Sammeln ist mühselig und erfordert Ausdauer. Die Übergabe ist dann die Krönung, vor allem wenn man sie zum Event macht.

## Aktion 34: Lassen Sie sich auf der Bank ausführlich über eine fiktive Erbschaft beraten

*Anlass:* Banken hatten in der Finanzkrise den »As + Ds« (im Jargon der Banker die »Alten und Doofen«) Schrottpapiere aufgeschwatzt, als deren Wertverfall bereits bankintern bekannt war. Eine der Ursachen verbreiteter kundenschädigender Bankberatungen ist bekannt: das Provisionssystem. Wertpapieranbieter zahlen Provisionen an die vermittelnden Banken – nicht an die Kunden –, bei Fonds bis zu 0,75 Prozent des vermittelten oder verwalteten Anlagevolumens!

Inzwischen haben die Banken Besserung gelobt und eine »Renaissance der Bankberatung« ausgerufen. Auch der Gesetzgeber hat reagiert und den Banken seit 2010 Beratungsprotokolle zur Pflicht gemacht. Provisionen müssen in den Beipackzetteln zu den Finanzprodukten ausgewiesen werden. Dennoch hat sich, wie der Bundesverband der Verbraucherschutzzentralen kritisiert, im Beratungsgeschäft nicht viel geändert: Nach wie vor kommt es zu »provisionsgeleiteten Fehlberatungen«. Risiken werden nicht richtig beschrieben, den Kunden Kenntnisse und Erfahrungen unterstellt, die sie nicht haben. Vertriebsmitarbeiter und Berater der Bank stehen heute unter noch höherem Verkaufsdruck. Insider berichten, dass sie nach 30 Minuten Beratungszeit etwas verkauft haben müssen. Jetzt sind die Bankkunden gefordert! Sie können das Beratungsunwesen der Banken stören!

*Aktion:* Voraussetzung ist, dass Sie noch ein Konto bei einer der einschlägig bekannten Geschäftsbanken besitzen (eigentlich alle außer den ethisch verpflichteten Banken, siehe Seite 198). Lassen Sie sich telefonisch einen Beratungstermin zur Kapitalanlage geben, deuten Sie dem Bankberater dabei an, dass Sie eine größere Summe erwarten, beispielsweise aus einer Erbschaft. 50 000 Euro sollten Sie schon nennen, damit Ihr Berater Zeit und Geduld aufbringt

Ihre Strategie für das Gespräch: Fragen Sie so viel nach, wie Sie können, ohne sich verdächtig zu machen. Sprechen Sie dabei immer aus der Warte eines unerfahrenen Bankkunden – der Berater soll so spät wie möglich den Verdacht schöpfen, dass er einem Scheingespräch aufsitzt! Fragen, die Kritik verraten, sollte man harmlos vorausschicken »Ich habe da so etwas in der Zeitung gelesen ...«. Ziel des Gesprächs: Dem Bankberater möglichst viel Zeit rauben und ihn ins Schwitzen bringen, indem man das Gespräch auf für die Bank heikle Themen bringt.

Zunächst muss sich der Berater über Ihre finanziellen Verhältnisse informieren (samt Altersversorgung), über Ihre Erfahrungen mit Anlagen und über Ihre Anlageziele. Geben Sie sich vage, sagen Sie etwa: »Einigermaßen sicher soll sie sein, rasch abrufbar, natürlich auch etwas Rendite bringen« und »Habe eigentlich wenig Erfahrung«. Fügen Sie auch noch hinzu: »Ich will auch ein gutes Gewissen haben, also keine Rüstungsgeschäfte und so, möglichst grüne Anlagen ...«, um weiteren Gesprächsstoff zu schaffen. Dann wird der Berater Ihnen einzelne Anlagen anbieten. Lassen Sie sie sich genau beschreiben – Sie sind ja unerfahren und ängstlich und wollen Bescheid wissen. Bei Fachbegriffen, mit denen Berater gern um sich werfen, bitten Sie um Erklärung. Fragen Sie bei jeder Anlage, ob sie Ihren Zielen (Sicherheit, Rendite, ethische Aspekte) entspricht. Besonders genau sollten Sie sich über die Gebühren erkundigen, die anfallen, wenn man ein Produkt kauft. Vor allem bei Fonds sind sie oft versteckt, hier hartnäckig nachfragen. Wenn der

Berater einige Anlagemöglichkeiten vorgestellt hat, kommen die nächste Fragen: »Welche dieser Produkte sind denn in Ihrem Hause aufgelegt worden?« Und: »Haben Sie auch Anlagen aus anderen Quellen?« Falls nur hauseigene Produkte angeboten wurden, sagen Sie harmlos: »Aber ich möchte doch vergleichen können, bitte stellen Sie mir auch andere Produkte vor!«

Früher oder später wird der Berater Sie zu einer Entscheidung drängen. Jetzt sollten Sie, um Ihren Berater bei Laune zu halten, Interesse für zwei, drei der empfohlenen Wertpapiere zeigen und dann harmlos sagen: »Man liest in der Zeitung ja so viel, man soll als Kunde fragen, ob die Bank irgendwelche Zuwendungen von den Verkäufern von Anlagen erhält. Welche Zuwendungen, Provisionen oder Ähnliches erhält Ihre Bank von diesen Wertpapieren?«

Jetzt nicht locker lassen, bestehen Sie auf Zahlen für die einzelnen Anlagen! Fragen Sie auch nach indirekten Einnahmen, die die Bank haben kann. Oft kauft die Bank selbst vorher diese Wertpapiere und verkauft sie danach zu einem höheren Preis an Sie. Dann bezieht sie keine Provision, hat aber eine Gewinnmarge. Falls man Sie auf Prospekte verweist, in denen entsprechende Informationen verzeichnet sind, lassen Sie sich diese geben, lesen Sie sie durch, stellen Sie wieder Fragen, bitten Sie um Aufschlüsselung zusammengefasster Zahlen und so weiter und so weiter …

Wenn Sie den Eindruck haben, ausreichend genervt zu haben, sagen Sie, dass Sie sich das Angebot daheim überlegen wollen, und bitten um eine schriftliche Bestätigung der gemachten Angebote. Der Bankberater muss nun ein Beratungsprotokoll aufsetzen und unterschreiben – Sie brauchen es nicht zu unterschreiben. Sie bitten stattdessen, das Beratungsprotokoll mit nach Hause nehmen zu dürfen, um es sich genau anzusehen.

Nun beginnt eine weitere Runde der Widerspenstigkeiten. Auf www.forium.de/redaktion/neuer-service-von-foriumdeanlageprotokoll/ finden Sie, was in einem Beratungsprotokoll stehen müsste. Sie können nun ausführlich Ergänzungen und Veränderungen verlangen, diese am besten nur stichpunktartig benennen, damit der Bankberater Formulierungsarbeit bekommt. Lassen Sie sich auch ganz genau erklären, was es mit den Haftungsausschlüssen auf sich hat, die im Kleingedruckten des Protokolls stehen! Jeder Dissens, vor allem die Weigerung des Beraters, Ihre Veränderungsvorschläge ins Protokoll zu nehmen, eröffnet eine weitere Eskalationsmöglichkeit: sich beim Ombudsmann für Banken zu beschweren (vergleiche Aktion 13), eine Beschwerde, die dann auch die Bankenfinanzaufsichtsbehörde erreicht. Ihr Widerstand gegen das Beratungssystem soll schließlich dokumentiert werden!

💣 *Wirkung:* Sie rauben der Bank Arbeitszeit und konfrontieren sie mit einem kritischen Bankkunden. Sie stören dadurch den Versuch, das Vertrauen der Kunden ohne echte Veränderungen der Beratungsprozedur wiederzugewinnen. In einer kritischen Zeit, in der Banken angesichts des flauen Investmentgeschäfts mehr Rendite mit Privatkunden machen müssen, hinterlässt jede Störung dieser Art Wirkungen. Banken reagieren empfindlich auf solche Störungen. Häufig gestörte Beratungsprozesse könnten Banken dazu bringen, ihren Widerstand gegen bessere Gesetze zur Bankberatung aufzugeben, zum Beispiel zu akzeptieren, dass die Verjährungsfrist bei Falschberatung heraufgesetzt wird, dass Beratungshonorierung auf Stundenbasis erfolgt statt durch Provisionen, dass ein Finanz-TÜV für Finanzprodukte eingeführt wird, dass die Beweislast bei Konflikten generell zugunsten des Kunden umgekehrt wird. Zu beachtende Nebenwirkung:

Sie machen einem kleinen Bankberater das Leben schwer, der vielleicht selbst nicht gern Kunden über den Tisch zieht. Hier sollte man nicht zu sentimental sein. Der Berater hat sich diese Bank gewählt – es hätte auch andere gegeben, die fairer mit ihren Kunden umgehen. Wenn Bankberater bei Bewerbungen um ihren Arbeitsplatz künftig stärker beachten müssen, ob sie bei ihrem Arbeitgeber ins Visier von kritischen Konsumenten geraten, wäre das begrüßenswert. Und Sie geben dem Bankberater durch Ihre Widerspenstigkeit ein Argument gegenüber der Bankleitung an die Hand, bessere Vorgaben zu schaffen. Faire Beratungsvorgaben würden ja auch seine Arbeit erleichtern.

*Aufwand:* Mittel. Etwas gedankliche Vorbereitung, eine Stunde Zeit und etwas Mut.

*Risiken:* Null.

 *Spaßfaktor:* Wenn Sie erst einmal Routine haben, ein Gespräch mithilfe von harmlos-hinterhältigen Fragen zu führen, macht es einen Heidenspaß!

## Aktion 35: Adbusting: Plakate umfunktionieren

*Anlass:* Wer Geld hat, kann mit Großplakaten die öffentlichen Räume vollmüllen und seine Botschaften in die Köpfe der Menschen träufeln. Wer kein Geld hat, kann diese Plakate kreativ umgestalten, ihre Botschaften konterkarieren, lächerlich machen, sogar für eigene Botschaften umfunktionieren. Das geht bei kommerziellen Werbeplakaten ebenso wie bei politischen Plakaten. Wahlplakate sind gefundene Fressen für »Adbuster« (advertising = Werbung, busting = kaputtmachen). Auch die tägliche Manipulation durch die Werbung selbst kann man durch umfunktionierte Werbeplakate sichtbar machen.

☑ *Aktion:* Zuerst gilt es, Werbeplakate zu studieren und sich Gedanken über mögliche textliche und graphische Veränderungen zu machen. Dazu braucht es Kreativität und Einfälle. Am besten, Sie veranstalten ein Brainstorming mit Bekannten. Gute Beispiele wirken anregend, beispielsweise die Umfunktionierung der H&M-Kleiderwerbung: Neben den Magermodels auf den Plakaten wurde der Zusatz »39,6 Kilogramm« geschrieben, unter das Firmenlogo H&M »Hager&Mager«. Oft eignen sich gemalte Sprechblasen. Die heile Welt des familiären Kaffeegenusses (»Mmh, das duftet«) kann man stören, indem man beim Partner per Sprechblase hinzufügt »Ja, Kinderarbeit ist einfach lecker …«. Die Agenda-Werbekampagne der rot-grünen Bundesregierung wurde Objekt zahlreicher Adbuster-Attacken. Man konnte elegant aus »Mehr Jobs« »Mehr Billig-Jobs« machen und aus »Familie und Beruf« »Familie und drei Berufe« und so weiter. Weitere Anregungen zum Adbusting von Plakaten finden Sie unter www.konsumpf.de.

Haben Sie sinnvolle und leicht anbringbare Veränderungen gefunden, heißt es, sehr breite Filzschreiber zu kaufen und mit einer Leiter loszuziehen – Plakate sind oft hoch angebracht. Die Veränderungen sollten nicht unbedingt zu professionell ausfallen, damit man sie als nachträgliche Veränderung wahrnimmt.

💣 *Wirkung:* Adbusting wirkt vor allem durch das Moment der Überraschung, des Witzes, des frechen Umfunktionierens. Die Symbole des Gegners werden nicht zerstört, sondern in einen anderen Kontext gestellt und mit neuem Sinn versehen. Plumpe Veränderungen – etwa in Form von Hakenkreuzen auf Wahlkampfplakaten oder von Verunstaltungen der Gesichter von Politikern – erzielen diese Wirkung nicht. Sie erzeugen unter Umständen sogar Mitleidseffekte. Die kleine, aber treffende Veränderung der großen Plakate profitiert darüber hinaus von der David-gegen-Goliath-Assoziation.

*Aufwand:* Gutes Kosten-Nutzen-Verhältnis, da man großflächige und gut gemachte Werbeträger bereits vorfindet, nicht mehr selbst herstellen und kleben muss. Allerdings wirkt Adbusting nur, wenn die Veränderungen die ursprüngliche Botschaft sinnvoll und auffallend verändern. Daher ist die Vorbereitungsphase fast aufwendiger als das Anbringen der Veränderung selbst.

*Risiken:* Wie beim Sprayen von Wandparolen oder beim Plakatekleben beschädigen Sie fremdes Eigentum, was zu Schadensersatzforderungen führen kann. Ein etwaiger Nutzungsausfall durch Umfunktionieren eines Plakats ist vom Geschädigten vor Gericht kaum nachweisbar und bezifferbar.

*Spaßfaktor:* Hoch, vor allem beim Brainstorming über mögliche Veränderungen (kicher, kicher!). Auch die Befriedigung über raffiniert veränderte Plakate kann groß sein, wenn man später an ihnen vorbeikommt. Die Aktion selbst bietet den üblichen Nervenkitzel wie bei allen Aktionen etwas außerhalb der Legalität.

## Aktion 36: Spritfressern den Spaß verderben

🕬 *Anlass:* Jeder weiß um die drohende Klimakatastrophe. Dennoch, man möchte es nicht glauben: Die Zahl spritfressender Geländewagen auf Deutschlands Straßen steigt und steigt, auch in den Städten. 2012 waren bereits 16 Prozent der neu zugelassenen Autos in Deutschland sogenannte SUVs (Sport Utility Vehicle). Über gesetzliche Begrenzungen des $CO_2$-Ausstoßes wird gegenwärtig auf nationaler wie auf europäischer Ebene gestritten. Dabei ringt die Lobby der Naturschützer mit der Automobillobby, besonders mit der deutschen. In diesen Kampf kann man ein bisschen eingreifen, indem man Fahrern von Spritfressern den Spaß verdirbt.

☑ *Aktion:* Wie bei allen Aktionen gilt auch hier: zuvor informieren, welche Autos exorbitant viel Sprit verbrauchen, Sie wollen ja keinen Unschuldigen treffen! Auf www.sued deutsche.de/auto/bildstrecke-die-top-ten-der-groessten-spritfresser-1.620713 können Sie sich die Bilder der größten Spritfresser einprägen, damit Sie sie auf der Straße auch erkennen. Ein besonders großer Umweltsünder ist der Porsche Cayenne Turbo S, der in der Stadt 29 Liter auf 100 Kilometern schlucken soll. Allen Geländewagen von Mercedes-Benz wird von Greenpeace ein unverantwortlich hoher Verbrauch attestiert. Stecken Sie sich bei Gängen durch die Stadt am besten die Bilder dieser Spritfresser ein.

Es bietet sich nun eine Strategie doppelter Aktionen an: einmal die öffentliche Brandmarkung. Besorgen Sie sich im Internet Aufkleber mit Texten wie »Ich bin ein Klimaschwein«, »Spritfresser ade« und andere (unter www.g8-blog.blogspot.de/2007/05/schraube-locker-klimakiller-im-visier.html). Noch besser ist es, selbst Texte zu erfinden, auch solche, die etwas zum Nachdenken zwingen wie »Autos saufen Blut« oder »Dein Auto, Afrikas Hunger«. Oder falls Sie provokative Äußerungen nicht scheuen: »Penisverlängerung ist umweltschonender als ein Geländewagen« und »Kein Beischlaf mit Spritfressern«. Dann lassen Sie bedruckte Etiketten herstellen (Internetsuche unter »Aufkleber selbst gestalten« führt zu zahlreichen Angeboten).

Das Aufkleben geschieht eher beiläufig, wenn Sie ohnehin unterwegs sind. Sie tragen die Aufkleber bei sich und kleben einen irgendwo auf, wenn Sie an einem Spritfresser vorbeikommen, am besten nicht auf Scheiben, dort werden sie zu schnell vom Besitzer bemerkt. Zusätzlich könnten Sie ein »Klimaknöllchen« unter die Windschutzscheibe heften. Christliche Gruppen haben einen täuschend ähnlichen Strafzettel samt Überweisungsauftrag entwickelt, in dem der Fahrer wegen seines exorbitanten Spritverbrauchs ein Bußgeld erhält. Abzurufen unter www.heisse-zeiten.org/seiten/1602/.

Die zweite Aktionsmöglichkeit liegt im Alltag. Wenn Sie am Arbeitsplatz, auf Partys, im Urlaub auf jemanden treffen, der einen Spritfresser fährt, könnten Sie ihm auf angemessene Weise mitteilen, dass Sie das nicht gut finden, am besten in Anwesenheit anderer. Was angemessen ist, ist situationsabhängig. Eine harmlose Frage – »Wie viel verbraucht Ihr Auto eigentlich auf 100 Kilometern?« – führt manchmal eher zu einer Diskussion als ein frontaler Angriff. In einer feuchtfröhlichen Runde würde Sie die Frage »Haben Sie kein schlechtes Gewissen, so einen Spritfresser zu fahren?« in die Rolle des Spaßverderbers bringen. In einer solchen Situation sollte man eher provozierende Andeutungen fallen lassen wie die über die umweltverträglichere Penisverlängerung. Vielleicht gelingt es Ihnen, den Spritfresser durch kleine ironische Bemerkungen und Andeutungen so zu reizen, dass er sich verteidigt und Ihnen damit Gelegenheit gibt, das Thema direkter anzusprechen.

💣 *Wirkung:* Eine sofortige pädagogische Wirkung auf den einzelnen Spritfresser sollten Sie nicht erwarten. Wer so viel Geld in sein Spielzeug investiert hat, wird eher mit Trotz reagieren. Aber man kann ihm etwas den Spaß verderben, mit seiner $CO_2$-Dreckschleuder herumzufahren. Das trägt langfristig dazu bei, dass Spritfresser weniger gekauft werden. Wichtiger ist die Außenwirkung solcher Bloßstellungsaktionen. Durch Aufkleber und private Bemerkungen signalisieren Sie, dass die öffentliche Meinung gegen Spritfresser ist.

🕐 *Aufwand:* Mittel bis hoch. Selbstklebende Etiketten mit aufgedrucktem selbstverfasstem Text kann man bei Internetanbietern für 25 Euro pro 140 Stück erhalten. Billiger kommt das Selbstdrucken daheim am PC auf Aufkleber, die man bestellen oder in gutsortierten Schreibwarenläden kaufen kann. Der Zeitaufwand für das Aufkleben selbst bleibt klein, wenn man das Aufkleben nebenbei als Zeitvertreib während ohnehin nötiger Besorgungen durchführt. Spezielle Kleberundgänge sind zeitaufwendig, denn schließlich steht nicht überall ein Spritfresser. Im Bekanntenkreis erfordert es ein bisschen Mut, Besitzer dicker Autos kritisch anzugehen; außerdem Fingerspitzengefühl, um nicht als »grüner Ajatollah« abgestempelt zu werden.

☂ *Risiken:* Ertappt Sie ein Autofetischist beim Aufkleben, könnte er ausrasten, schließlich haben Sie sein Heiligstes entweiht. Diskutieren Sie laut mit ihm, damit möglichst viele Passanten aufmerksam werden! Rechtlich gesehen, sind Sie auf der sicheren Seite, denn die Etiketten richten keinen Schaden an, es sei denn, man hat spezielle Kleber verwendet.

Wenn Sie unter Bekannten zu oft und zu penetrant auf Spritfresser losgehen, könnten Sie mit der Zeit als Nervensäge gemieden werden.

☺ *Spaßfaktor:* Einen Spritfresser mit kleinen Bemerkungen zu attackieren, kann ungeheuren Spaß machen! Wenn er auf die Palme gerät, haben Sie das Publikum auf Ihrer Seite. Kosten Sie die Situation genüsslich aus!

## Aktion 37: Mit Denkmälern und Ortstafeln zum Nachdenken anregen

🔔 *Anlass:* Denkmäler oder Straßennamen sollen die kollektive Erinnerung bewahren und Menschen, die vorbeikommen, zum Nachdenken animieren. Gerade wegen ihrer alltäglichen Präsenz können sie politisch subtil beeinflussen, ja ideologisieren. Man denke etwa an die unkritische Glorifizierung von Heldentum durch Kriegerdenkmäler. Ein Beispiel für das Nachdenken, das listig veränderte Denkmäler anstoßen können, bot der – inzwischen leider entfernte – Graffito »Tut uns leid, war nur so eine Idee« auf dem Marx-Engels-Monument in Berlin. Oder der Streit um den nach einem verurteilten Kriegsverbrecher benannten Völklinger Stadtteil »Hermann-Röchling-Höhe«. Als der Stadtrat ihn nach anhaltender Kritik halbherzig in »Röchling-Höhe« umtaufte, hängten Bürger an die Stadtteilschilder ein Zusatzschild, auf dem auf die Verbrechen des Namensgebers hingewiesen wurde. Verbreitet sind heute Ortstafeln mit Zusatzschildern »genfreie Zone«, (früher oft »atomwaffenfreie Zone«).

Denkmäler sind auch für aktuelle kritische Botschaften nutzbar. So heftete ein Unbekannter einem Kriegerdenkmal in Feldmoching bei München 2011 ein Transparent mit einem Ausspruch des ehemaligen Bundespräsidenten Horst Köhler über die Bundeswehr an: »… im Notfall ist auch militärischer Einsatz notwendig, um unsere Interessen zu wahren«. Der Kampf um die symbolische Deutung beziehungsweise Umdeutung der 1,2 Millionen geschützter Denkmäler und der vielen Ortstafeln in Deutschland sollte geführt werden!

☑ *Aktion:* Beginnen Sie mit einer Inspizierung von Denkmälern an Ihrem Wohnort! Alle Arten von Denkmälern, auch die der vielen Fürsten, Feldherren oder Geistesgrößen, eignen sich, sofern ein inhaltlicher Bezug zur Botschaft herstellbar ist. Während der Inspizierung werden Ihnen vielleicht schon die ersten Botschaften und Möglichkeiten für die Anbringung einfallen. Achten Sie auch auf die Inschriften an vielen Denkmälern. Sie lassen sich ergänzen oder umformulieren und erhalten so einen anderen, kritischen Sinn. Dann heißt es warten, bis ein aktueller Anlass gegeben ist.

Wenn Sie sich für die Anbringung eines Transparents entschieden haben: Nehmen Sie regen- und windfestes Plastik, und beschriften Sie es mit wasserresistenten Filzschreibern. Gut gegen Wind verzurren! Auch über Symbole lassen sich kritische Bezüge herstellen. Beispielsweise an den verbreiteten Justitia-Monumenten mit ihrer Waage, die Gerechtigkeit symbolisiert. Hier kann man schief gezeichnete Waagen anbringen und Fehlurteile, ungleiche Vermögensverteilungen oder andere als ungerecht empfundene Zustände thematisieren.

💣 *Wirkung:* Denkmäler sind vertrauter Teil der Wohnumgebung. Sie stiften lokale Zugehörigkeit, signalisieren gemeinsame oder gemeinsam abgelehnte Weltbilder, mit ihnen verbinden sich vielleicht persönliche Erinnerungen. Eine Störung vertrauter Denkmäler durch verfremdete Botschaften fällt auf und provoziert zum Nachdenken. Dazu muss für den Betrachter aber ein inhaltlicher Bezug zwischen Denkmal und Botschaft herstellbar sein. Nutzte man Denkmäler nur als bloßen Träger für Transparente, etwa wenn man an einer Mozart-Statue eine Tafel »Nazis stoppen!« anbrächte, würde man der Botschaft vermutlich schaden. Bei gelungener »Schändung« eines Denkmals bestehen gute Chancen, in die örtlichen Medien zu kommen. Notfalls kann man auch ein Bild oder ein Video der Aktion bei YouTube einstellen.

🌓 *Aufwand:* Nicht ganz wenig. Man muss zündende Ideen haben, Transparente oder Plakate für das Denkmal herstellen und anbringen. Für das Anbringen braucht man oft eine Leiter. Da die Verwaltung oder empörte Bürger das Banner bald entfernen werden, ist es mit einer Aktion nicht getan, daher am besten gleich mehrere Applikationen herstellen.

☂ *Risiken:* Gering, solange Sie die Denkmäler nicht beschädigen. Unter Umständen ein Bußgeld wegen Erregung öffentlichen Ärgernisses, aber da müssten Sie das Denkmal schon sehr geschändet haben!

☺ *Spaßfaktor:* Wie bei allen Aktionsformen, die witzig sind, hoch!

## Aktion 38: Fairtrade-Einkauf in Firmenkantinen, Kindergärten oder Schulen einführen

*Anlass:* In Ihrer Firma wird in den Kaffeeautomaten kein Fairtrade-Kaffee angeboten; Ihr Kindergarten bevorzugt noch nicht Spielwaren mit Öko- oder Fairtrade-Siegel; in der Schulkantine Ihrer Kinder gibt es keine nachhaltig produzierten Lebensmittel; Ihre Firma kauft nicht tropenholzfreie Möbel oder Ökopapier. Das muss nicht sein! Zertifizierte, ökologisch und sozial verträglich hergestellte Produkte sind inzwischen nicht unbedingt teurer als andere.

*Aktion:* Informieren Sie sich zunächst, was in Ihrer Institution alles eingekauft wird und in welchem finanziellen Umfang. Dann recherchieren Sie für diese Produkte nachhaltige Alternativen, ihre Preise und Lieferquellen, zum Beispiel in Fairtrade-Internetportalen (vergleiche Seite 220 ff.). Beschränken Sie sich zunächst auf wenige, überzeugende Alternativen. Dann gilt es, Unterstützung zu gewinnen. Sprechen Sie zuerst mit Kollegen, Eltern, eventuell auch mit Betriebsräten oder mit Mitarbeitern im Einkauf über das Vorhaben. Sie werden dann nicht nur die Akzeptanz des Projektes samt eventuellen Gegenargumenten besser abschätzen können, sondern auch Verbesserungsideen erhalten und Ihre Überzeugungskünste trainieren.

Wenn Sie den Eindruck haben, dass das Projekt ausreichend Unterstützung findet (eine Unterschriftenliste, siehe Aktion 33, könnte das dokumentieren), tragen Sie es schriftlich an die Leitung heran. Auch auf Mitarbeiterbesprechungen oder Jahresversammlungen könnten Sie es vorschlagen. In der Regel sind es finanzielle Fragen oder bestehende Lieferverträge, die einem baldigen Umstieg von Institutionen auf fairen Einkauf entgegenstehen. Im Falle eines Umstiegs sollte den bisherigen Lieferfirmen unbedingt mitgeteilt werden, warum man ihre Produkte nicht mehr kauft.

💣 *Wirkung:* Dieselbe wie bei Kaufboykotten. Es entsteht über den Einzelhandel ein Druck auf die Herstellerfirmen, stärker auf Nachhaltigkeit und Fairness zu achten. In Schulen führt der Umstieg auf faire Produkte zu einem Erziehungsprozess. Für die Kinder wird fairer Konsum alltäglich und normal.

 *Aufwand:* Beträchtlich. Man muss recherchieren, andere informieren, auf Sitzungen gehen, Briefe schreiben und einen langen Atem haben.

☂ *Risiken:* Keine. Es sei denn, Sie gehen so penetrant vor, dass Sie fürderhin als Nervensäge gelten.

😀 *Spaßfaktor:* Na ja, viel Recherche.

## Aktion 39: Mahnwachen und Ein-Mann-/ Ein-Frau-Demos

🎺 *Anlass:* Manche Missstände sind so spezieller Natur oder noch so unbekannt, dass man keine Demonstration, keinen Protestaufruf findet, dem man sich anschließen könnte. Beispielsweise wenn in Ihrer Straße ein Haus verkommt und matratzenweise an Einwanderer vermietet wird; oder wenn Ihre örtliche Postfiliale geschlossen werden soll. Dann wäre eine eigene Ein-Mann-/Ein-Frau-Demonstration angebracht:

Sie stellen sich mit einem Schild »Unsere Post soll bleiben!« vor die Postfiliale. Einer solchen Minidemo sollte immer ein konkreter und aktueller Anlass zugrunde liegen. Es ist wenig sinnvoll, sich mit einem Plakat »Peace« in die Fußgängerzone zu stellen. Auch die etwas altmodisch klingende »Mahnwache« ist im Grunde eine Ein-Mann-Demo. Minidemos sind durch den Bundespräsidenten Joachim Gauck gewissermaßen geadelt worden. Im Zusammenhang mit den skandalösen Arbeitsbedingungen bei der Herstellung von Apple-Geräten sagte er: »Jeder kann vor dem Laden gegen unmenschliche Arbeitsverträge protestieren …«

☑ *Aktion:* Sie müssen Ihre Minidemo nicht anmelden, solange Sie allein agieren – erst die Mithilfe einer zweiten Person vor Ort wäre eine anmeldungspflichtige (aber nicht genehmigungspflichtige) Demonstration. Wichtig ist, dass Sie auf öffentlichem Grund stehen. Das ist in der Regel der Fall, wenn Sie auf den Bürgersteigen außerhalb der Gebäudefluchtlinie bleiben. Im Zweifelsfall rufen Sie bei der Stadtverwaltung an und lassen sich zu der Abteilung durchstellen, die Demonstrationen genehmigt. Man muss Ihnen Auskunft geben!

Vor Aktionsbeginn gilt es, einiges vorzubereiten: Als Blickfang dient ein Plakat, mindestens im Format A2. Schreiben Sie auf Ihrem PC einen Slogan, etwa »Diese Post macht zu!«, und kleben Sie ihn auf zwei Hartschaumträger (zwei Zentimeter Stärke) auf. Mit Schnüren hängen Sie sich die Tafeln um und agieren als wandelndes Plakat. Unbedingt ist Informationsmaterial vorzubereiten, denn der Slogan auf dem Plakat kann ja nur rudimentäre Informationen liefern. Er soll Neugier auf weitere Informationen machen und zum Nähertreten animieren. Diese maximal einseitigen Infoblätter in genügender Zahl kopieren (in einer Stunde vor einer Postfiliale verteilt man je nach eigener Werbeaktivität zwischen 20 und 50 Infoblätter) und in einer offenen Umhängetasche mitführen. Dann stellen Sie sich an den gewählten Platz und sprechen Passanten aktiv an: »Wissen Sie schon, dass unsere Post geschlossen werden soll? Hier gibt's nähere Infos.« Mit stummem Herumstehen werden Sie wenig Interesse wecken! Also: rufen, ansprechen, informieren, diskutieren! Nach kurzer Zeit hat man sich überwunden und gute Redewendungen gefunden. Die ganze Aktion sollte mindestens zwei Stunden dauern und wiederholt werden.

Sie erregen besondere Aufmerksamkeit, wenn Sie die Aktion maskiert durchführen. Da es sich rechtlich um keine Demonstration handelt, dürfen Sie das tun. Die Maskierung sollte möglichst einen thematischen Bezug zur Sache besitzen. Bei einer Minidemo zum Thema Klimaerwärmung passt beispielsweise eine Eisbärverkleidung. Die inzwischen überall erhältliche Maske mit dem Gesicht von Guy Fawkes (er wollte 1605 ein Attentat auf den englischen König durchführen) steht generell für Widerständigkeit. Wenn man eine bestimmte Politik kritisiert, könnte man auch Masken mit Politikergesichtern selbst herstellen (Bild am PC vergrößern, ausschneiden, Gummiband anbringen). Notfalls tut es auch eine Gorillamaske, sie erregt immer Aufmerksamkeit!

Nicht vergessen: Vor der Aktion eine Pressemitteilung an örtliche Tageszeitungen, aber auch an Stadtteilblätter, Werbezeitungen mit redaktionellem Teil und so weiter (Muster einer Pressemitteilung im Anhang) und an die örtlichen Parteien, Bürgerinitiativen und so weiter. Nach der Aktion schicken Sie einen kurzen Bericht mit Bild der Aktion an die Presse oder einen Kurzfilm an YouTube.

*Wirkung:* Sie informieren gezielt unmittelbar Betroffene über einen Missstand und üben dadurch Druck auf Entscheidungsträger aus. Auch Sie selbst werden einen Gewinn davontragen. Gespräche mit Bürgern, die Sie sonst vermutlich nie getroffen hätten, werden Ihnen neue Informationen liefern und Sie nachdenklich machen!

🌑 *Aufwand:* Mittel bis hoch. Plakat und Infomaterial müssen hergestellt werden. In der Öffentlichkeit zu agieren und Leute anzusprechen kostet anfänglich Überwindung. Das viele Reden ist ziemlich strapaziös, man agiert früher oder später automatenhaft.

☂ *Risiken:* Gering. Sie haben das Recht, Ihre Meinung öffentlich und unangemeldet zu äußern, auch durch Verteilen von Infos und Flugblättern oder durch Sammeln von Unterschriften. Vermeiden Sie es, offenkundig falsche oder beleidigende Behauptungen aufzustellen, die andere schädigen.

😀 *Spaßfaktor:* Je nach dem Interesse, das Sie während der Aktion wecken. Spaß und Stolz, wenn Sie Zuspruch erfahren. Frust, wenn nur wenige Ihre Infos nehmen. Narzisstische Gemüter werden es genießen, wenn Bekannte und Nachbarn vorbeikommen.

## Aktion 40: Schlagen Sie Ihren Protest wie Martin Luther an

🔔 *Anlass:* Missstände in Ihrer unmittelbaren Umgebung wie unzweckmäßige Verkehrsführungen, fehlende Kinderspielplätze, eine geplante Baumfällaktion, die Zustände in einem Asylbewerberheim. Hier ist es sinnvoll, die Menschen im betreffenden Gebiet zu informieren, um Druck auf lokale Entscheidungsträger wie Stadträte, Bezirksausschüsse, kommunale Behörden oder Firmen auszuüben. Plakate sind ein klassisches, probates Mittel dazu!

☑ *Aktion:* Die Wahl der Plakatgröße hängt vom Anbringungsort ab. Handzettel in A5-Format eignen sich zum Auslegen in Geschäften oder Kneipen. Ab Format A4 kann man sie auf Mauern, Bauzäunen, Laternenpfählen oder Bäumen anbringen. Plakate bis A3-Format haben den Vorteil, dass man sie zu Hause am PC ausdrucken kann (Tintenstrahldruck ist wasserfest). Um sie auffälliger zu machen, können sie zusammengesetzt und so optisch auf A2-Format aufgebläht werden. Je nach Untergrund kann man die Plakate kleben (mit Tapetenkleister), tackern, mit Klebeband oder Reißnägeln befestigen. Rechnen Sie damit, dass Ihre Plakate nicht allzu lange hängen. Sie werden heruntergerissen, überklebt oder von Wind und Regen zerstört. Also nach einiger Zeit einen Probegang machen und eventuell nachplakatieren! Das Presserecht verlangt am Ende des Plakates ein »V. i. S. d. P.« (Verantwortlich im Sinne des Presserechts) mit Ihrem Namen und einer Adresse.

Ein Problem ist die Informationsflut. Ihre Botschaft droht unter den vielen anderen Aushängen, aber auch unter der allgegenwärtigen kommerziellen Werbung unterzugehen. Wichtig sind daher nicht nur zahlreiche und gut platzierte Plakate, sondern auch ansprechend gestaltete. Eine sehr große Überschrift, die ruhig provokativ sein kann, soll möglichst schon von weitem den ersten Blick einfangen. Dieser »Hingucker« motiviert, sich dem darunter stehenden, kleiner geschriebenen Text zuzuwenden. Dort wird das Anliegen detaillierter beschrieben und zu weiteren Schritten aufgefordert, zum Beispiel an einer Veranstaltung teilzunehmen, einen Protest zu unterzeichnen und so weiter.

Flankierend sollten Sie Ihre Plakate immer auch an lokale Medien und an örtliche Gremien schicken, besonders die Mitglieder von Bezirksausschüssen greifen solche Aktionen gern auf! Wenn Sie in der presserechtlichen Unterschrift des Plakates zu Ihrem Namen beispielsweise eine »Bürgerinitiative ›Keine Baumfällung in der Bauerstraße‹« hinzufügen, fördert das die Aufmerksamkeit (selbst wenn die Bürgerinitiative nur aus Ihnen und ein paar vorher eingeweihten Freunden besteht).

*Wirkung:* Wie bei einer Minidemo oder einer Mahnwache bleibt die informierende und mobilisierende Wirkung kleinräumig. Dafür kommt sie gezielt bei den örtlich Betroffenen an. Entsprechend gezielt ist der Druck auf örtliche Entscheidungsträger.

*Aufwand:* Hoch. Die Herstellung von ansprechenden Plakaten erfordert graphisches Können. Druck oder Kopieren von Plakaten sind nicht ganz billig. Um Menschen anzusprechen, braucht man aber nicht unbedingt das teure Designer-A2-Plakat! Handgestrickt wirkende Aushänge können besonders authentisch wirken, heben sich von kommerziellen Aushängen ab und signalisieren lokalen Bezug. Zum Herstellungsaufwand für die Aushänge kommt der Zeitaufwand für die Plakatierung sowie für die Nachplakatierung. Unterschätzen Sie nicht das Gewicht der Materialien, die Sie bei Plakatierungsrunden mit sich schleppen müssen: Plakate, Leim, Pinsel und so weiter, da kommen zehn Kilogramm schnell zusammen!

*Risiken:* Illegales Plakatieren liegt vor, wenn der Eigentümer der Plakatierungsfläche absehbar mit einer Plakatierung nicht einverstanden sein dürfte, besonders wenn auf gepflegten Hauswänden, auf Scheiben und Türen oder auf Werbeplakaten plakatiert wird. Tut man es dennoch, kann es zu einer Strafanzeige mit folgender Zivilklage wegen Sach- oder Geschäftsschädigung kommen. Dabei muss der Geschädigte allerdings den Schaden nachweisen, beispielsweise die Kosten der Plakatentfernung, die bis hin zum Neuanstrich gehen können. Mit Klebestreifen befestigte Plakate sind hier weniger riskant als mit Tapetenkleister angebrachte, aber sie halten nicht so lange. Nachgewiesen werden muss auch, dass Sie derjenige waren, der plakatiert und damit den Schaden angerichtet hat. Auch als lediglich presserechtlich Verantwortlicher eines Plakates (»V. i. S. d. P.«) kann man theoretisch juristisch belangt werden, hat aber gute Chancen, sich zu entlasten. Manche geben ihr »V. i. S. d. P.« nicht an, um im Schutz der Anonymität befreiter plakatieren zu können. Das wäre ein Verstoß gegen Pressegesetze. Zu bedenken ist auch, dass allzu rücksichtslose Plakate (zum Beispiel auf Türen oder Fensterscheiben) irgendjemanden stören und daher rasch wieder entfernt werden. Bereits hängende, noch aktuelle Plakate sollte man nicht überkleben. Die Verwilderung der Plakatierungssitten schadet allen Plakatierern!

Ein gewisses rechtliches Risiko bergen auch die Inhalte, die Sie in den Aushängen veröffentlichen. Die deutsche Rechtsprechung räumt der Meinungsfreiheit zwar einen hohen Stellenwert ein, aber sobald jemand einen konkreten Schaden nachweisen kann, der ihm durch Ihre Behauptungen entstanden ist (und sei es nur durch eine Beleidigung), kann er zivilrechtliche Schritte gegen Sie unternehmen. Das geschieht aber selten und setzt massive Fehlbehauptungen voraus. Es ist immer vorteilhaft, eventuell problematische Behauptungen als Meinung Dritter zu präsentieren (»Wie die *Süddeutsche Zeitung* berichtet …«). Aber selbst in diesem Fall sind Sie nach neuerer Rechtsprechung prinzipiell verpflichtet, den Wahrheitsgehalt einer Information zu überprüfen.

Unter Berufung auf Internetrecherchen wird man das leicht nachweisen können.

☺ *Spaßfaktor:* Das Plakatieren selbst ist Knochenarbeit und kostet Zeit. Ein gewisser Spaßfaktor ist trotzdem dabei. Sie lernen Ihre Wohnumgebung besser kennen und kommen beim Plakatieren manchmal mit Leuten ins Gespräch, die neugierige Fragen stellen. Groß ist die Zufriedenheit, wenn Sie durch Ihr Stadtviertel gehen und überall Ihre Werke hängen sehen!

## Aktion 41: Mit Flugblättern gezielt und persönlich informieren

*Anlass:* Wie beim Plakatekleben (vergleiche Aktion 40). Der Aufwand lohnt sich vor allem bei Themen mit lokalem und sehr aktuellem Bezug – zu bundesweit oder gar weltweit interessierenden Themen haben meistens NGOs längst Kampagnen gestartet, Plakate geklebt oder auch Flugblätter verteilt. Flugblätter verteilen ist die Aktion der Wahl, wenn Sie eingehender über einen Missstand informieren möchten, als dies auf einem Plakat möglich wäre. Und wenn Sie unter Einbringung Ihrer Person überzeugen wollen!

☑ *Aktion:* Bei der graphischen und inhaltlichen Gestaltung des Flugblatts gilt dasselbe Prinzip wie bei Plakaten. Eine große Überschrift beschreibt das Anliegen schlagwortartig und soll Interesse zum Lesen des kleiner gedruckten Infotextes wecken. Am Ende ebenfalls in großer Schrift eine Forderung. Vorgeschrieben ist die Angabe eines Verantwortlichen im Sinne des Pressegesetzes »V. i. S. d. P.« mit einem Namen und einer Adresse. Dieser Verantwortliche müssen nicht Sie sein, aber er haftet für den Inhalt des Flugblattes.

Überlegen Sie sich dann, wo Sie die Leute antreffen, die Sie erreichen möchten. An Orten wie Bus- oder U-Bahn-Haltestellen gäbe es viel zu verteilen, die Leute warten und langweilen sich. Dort werden Sie aber auch Leute ansprechen, die – wie zum Beispiel im Falle einer Kita-Aktion – gar nicht zum engeren Betroffenenkreis gehören. Vor Supermärkten findet man Menschen mit lokalem Bezug, aber die Leute sind oft gehetzt und wenig kontaktbereit, vor allem wenn sie schwer beladen wieder herauskommen. Wichtig: Bleiben Sie im öffentlichen Raum, dann brauchen Sie keine Genehmigung (Ausnahme: Schulen, Behördengebäude, Verkehrsmittel oder Ähnliches).

Wenn Sie einen geeigneten Ort gefunden haben, gilt es, die Anzahl der Passanten pro Stunde abzuschätzen, um die Auflage der Flugblätter zu ermitteln. Faustregel: Wenn Sie Zeit für Gespräche mit näher Interessierten einkalkulieren, können Sie bei ungefähr jedem zehnten Passanten ein Flugblatt absetzen. Die Flugblätter im A4- oder A5-Format kopiert man bei kleineren Auflagen (Vorteil: Sie können rasch weitere Flugblätter kopieren), bei größeren Auflagen kommt ein Druck oder ein Onlinedruckauftrag billiger (1 000 Stück sind unter 20 Euro zu haben, allerdings bei Gefahr der Überschussproduktion!).

Mit den Flugblättern in der Hand passiv herumstehen ist verschwendete Zeit. Nehmen Sie Blickkontakt auf, wenn ein Passant etwa zwei Meter vor Ihnen ist (nicht vorher, sonst weicht er aus), und sprechen Sie die Passanten mit einem freundlichen »Für Sie« an. Wenn Ihnen dabei ein Lächeln gelingt, umso besser! Sagen Sie einen Satz dazu, zum Beispiel: »Wir müssen etwas für unsere Kindertagesstätte tun …!« Welches Schlagwort zieht, bekommen Sie bald heraus. Wenn sich jemand näher interessiert, sollten Sie die Gelegenheit nutzen und ihn ins Gespräch ziehen. Vielleicht gewinnen Sie sogar einen Mitstreiter! Weitere Tipps zum Flugblattverteilen unter www.kreativisten.org/flyeraktion sowie in dem Buch *Protest. Handbuch für erfolgreiche Demonstrationen, Attacken, Aktionen* von Sandra Benz und Vera Warter (2011, Seite 51).

💣 *Wirkung:* Ein Flugblatt wird meist nicht an Ort und Stelle durchgelesen, sondern mit nach Hause genommen und vielleicht von weiteren Personen gelesen. Man erreicht mit Flugblattverteilungen eine kleine Zahl von Menschen, kann aber seine Zielgruppe besser bedienen. Dass Sie als Person hinter der Sache stehen, erhöht die Überzeugungskraft, verringert sie eventuell aber auch, je nachdem, wie Sie auftreten.

🕐 *Aufwand:* Eine Flugblattverteilung muss nicht angemeldet werden, solange Sie allein verteilen. Flugblattverteilen bedeutet, ein bis zwei Stunden auf den Beinen zu sein, Fremde ansprechen, auf Fragen antworten – das ist anstrengend! Hinzu kommen Zeit für das Texten und Layouten des Flugblattes und die Kosten seiner Herstellung. Nicht wenig also insgesamt, aber auch nicht furchtbar viel.

☂ *Risiken:* Gering. Juristisch gesehen, darf jeder im öffentlichen Raum ohne Genehmigung Flugblätter verteilen, solange er niemanden behindert. Enthält das Flugblatt Passagen, die jemanden schädigen oder beleidigen, entsteht ein gewisses Risiko für den »V. i. S. d. P.«-Zeichnenden. Im Konfliktfall hat er jedoch das hoch angesiedelte Recht auf Meinungsfreiheit auf seiner Seite. Manchmal werden Passanten Sie beschimpfen – Sie werden rasch lernen, das abtropfen zu lassen!

☻ *Spaßfaktor:* Groß, wenn die Verteilung läuft. Auch die Gespräche, zu denen es regelmäßig kommt, können anregend sein.

## Aktion 42: Kleinaktie kaufen und auf Hauptversammlungen gehen

🐜 *Anlass:* Gemeinwohlschädigendes Wirtschaften von Aktiengesellschaften aller Art. Die Deutsche Bank bietet immer wieder Anlässe: Sie spekuliert mit Nahrungsmitteln, ist in Korruptionsskandale verwickelt und so weiter und so fort. Auch Unternehmen der Finanzbranche, der Rüstungsindustrie, der Energiewirtschaft oder des Textileinzelhandels weisen ein stattliches Sündenregister auf. Aktuelle Einzelheiten sind beispielsweise nachzulesen unter www.kritischeaktio naere.de (Startseite und unter Konzernstudien), im *Schwarzbuch Markenfirmen* (Klaus Werner, Hans Weiss) und den anderen im Anhang angegebenen Informationsquellen. Als Aktionär und damit als Miteigentümer könnten Sie auf der jährlichen Hauptversammlung Einfluss in Richtung einer akzeptableren Geschäftsführung nehmen!

☑ *Aktion:* Suchen Sie sich in den oben genannten Informationsquellen eine Aktiengesellschaft aus, deren Geschäftstätigkeit Sie besonders empört, am besten ein Unternehmen, das auch auf der Agenda der Vereinigung »Kritische Aktionäre« steht. Geben Sie Ihrer Bank die Anweisung, genau eine Aktie dieses Unternehmens zu kaufen. Falls Sie bei Ihrer Bank kein Depot haben: Bei einigen Banken wie der Ing-DIBA können Sie über das Internet rasch und kostenlos ein

Depot einrichten. Notfalls kann man die Aktie auch auf das Depot eines Freundes überweisen lassen.

Nun wäre der bequemste Weg, Ihre mit dem Aktienbesitz verbundenen Stimmrechte an den Dachverband der kritischen Aktionäre und Aktionärinnen zu übertragen. Dessen Vertreter streiten seit 25 Jahren auf Hauptversammlungen für eine gemeinwohlorientiertere Geschäftspolitik, im Jahre 2012 allein in Deutschland auf 24 Hauptversammlungen. Sie üben auch Druck in Form von Pressemitteilungen oder Kampagnen aus. Je mehr Aktionäre und deren Aktienanteile sie vertreten, desto größer ist ihr Einfluss. Die Übertragung einer Kleinaktie ist daher nicht sehr sinnvoll, man müsste schon mehrere Aktien gekauft haben.

Der einflussreichere, aber aufwendigere Weg erfordert Ihre persönliche Teilnahme an der jährlichen Hauptversammlung der Aktiengesellschaft. Sie finden meist im April und Juni am Firmensitz statt, eine Einladung wird Ihnen unaufgefordert zugeschickt. Dort können Sie über die Grundlagen der Geschäftsführung abstimmen und einen neuen Aufsichtsrat wählen, der für eine verantwortungsvollere Geschäftspolitik steht. Wichtiger ist Ihr Rede- und Auskunftsrecht. Melden Sie einen Redebeitrag an, gehen Sie ans Mikrophon, und stellen Sie kritische Fragen und Forderungen an die zukünftige Geschäftsführung! Wenn Sie mit kapitalkritischen Tönen auftreten, werden die anderen Aktionäre ihre Ohren vermutlich auf Durchzug stellen. Chancen auf Gehör haben Sie eher, wenn Sie mit der Attitude eines Kapitaleigners auftreten, der Rendite haben will, aber ethisch vertretbare. Wie es einer Kleinaktionärin erging, die auf einer Hauptversammlung von Eon kritische Töne anschlug, kann man in dem Buch *Radikal mutig. Meine Anleitung zum Anderssein* von Hannah Poddig (2009, Seite 46 ff.) nachlesen.

💣 *Wirkung:* Eine Hauptversammlung ist eine firmenintern sensible Veranstaltung. Bei vielen Entscheidungen im späteren Alltagsgeschäft bleibt der Verlauf der letzten Hauptversammlung in Erinnerung, auch die dort geäußerten kritischen Stimmen. Daher können kritische Aktionäre Eindruck hinterlassen, der nicht ihrem stimmenmäßigen Gewicht entspricht. Dem Druck kritischer Aktionäre ist es beispielsweise mit zu verdanken, dass Daimler (Chrysler) als erster deutscher Autokonzern den serienmäßigen Einbau eines Rußpartikelfilters in seine Fahrzeugflotte beschloss. Ein grundlegendes Problem der kritischen Aktionärsarbeit aber bleibt: Bei vielen Aktiengesellschaften überstimmen Großaktionäre kritische Anträge einfach ohne lange Diskussion. So beschlossen die Mehrheitsaktionäre auf der Hauptversammlung der Deutschen Bank 2012 trotz heftiger Kritik vieler Aktionäre, das Investmentgeschäft auszubauen. Sehen Sie die kritische Ausübung Ihres Stimmrechtes auch unter dem Aspekt der Öffentlichkeitswirksamkeit: Auf Hauptversammlungen sind die Medien dabei, und sie berichten gern, wenn Aktionäre – also Kapitalisten – ein moralischeres Wirtschaften fordern.

🕐 *Aufwand:* Nicht wenig. Zunächst viel Informationsbeschaffung, man muss ja wissen, was man einer Aktiengesellschaft vorwirft. Dann die Kosten des Aktienkaufs, eine Aktie von ThyssenKrupp kostete Anfang 2013 beispielsweise 29 Euro, hinzu kommen die Reisekosten zur Hauptversammlung. Schließlich die Vorbereitung der Rede und der Mut, den Sie aufbringen müssen, um vor sehr vielen Leuten zu sprechen, die Sie manchmal feindselig unterbrechen werden!

☂ *Risiken:* Keine, es sei denn, Sie haben die Aktie zu teuer eingekauft.

☻ *Spaßfaktor:* Der Gedanke, mit einer Aktie im Werte von 29 Euro Geschäftspolitik mit beeinflussen zu können, wird vielen gefallen! Außerdem sind Hauptversammlungen Megaevents mit hohem Unterhaltungswert und Nervenkitzel: Sie schauen dem Raubtierkapitalismus ins Gesicht!

## Aktion 43: Vorbildliche Geschäfte mit einem Carrotmob belohnen!

*Anlass:* Wie bringt man Einzelhandelsgeschäfte dazu, Gutes zu tun? Beispielsweise Waren verantwortungsloser Firmen aus dem Sortiment zu nehmen? Oder sein Geschäftskonto bei der Deutschen Bank zu kündigen und zu einer ethischen Bank zu wechseln? Man vereinbart mit einem Geschäft entsprechende Taten und belohnt es dann mit einem »Carrotmob«. Dazu lädt man über seine Netzwerke möglichst viele Menschen ein, in diesem Geschäft zu einem bestimmten Zeitpunkt einzukaufen und es so zu belohnen. Dem Geschäft wird gewissermaßen eine Karotte vor die Nase gehalten, damit es in die gewünschte Richtung geht.

☑ *Aktion:* Suchen Sie sich Geschäfte aus, die ein breites Sortiment auch an Alltagswaren führen – die Carrotmobber sollen ja auch etwas zu kaufen finden. Dort bieten Sie folgenden Deal an: Sie organisieren einen Carrotmob, der eine Werbekampagne mit hoher Glaubwürdigkeit und Aufmerksamkeit (eventuelle Pressemeldungen!) darstellt. Im Gegenzug verpflichtet sich das Geschäft zu bestimmten gemeinwohlfördernden Wirtschaftsweisen, etwa Produkte unverantwortlicher Firmen aus dem Sortiment zu nehmen oder Fairtrade-Produkte hereinzunehmen oder das Geschäftskonto zu einer ethischen Bank zu verlagern. Auch über die Verwendung der Mehreinnahmen sollte gesprochen werden. Man könnte sie in Energiesparmaßnahmen investieren, an NGOs spenden oder in die Preiskalkulation fairer Produkte einfließen lassen. Für den Deal in Frage kommen natürlich auch Geschäfte, die bereits Gemeinwohlförderndes getan haben und nun als Vorbild belohnt werden sollen. Legen Sie mit der Geschäftsleitung einen Termin fest, zwei bis drei Stunden sollten es schon sein, diese muss sich ja vorbereiten, eventuell mehr Personal und Waren bereithalten. Da solche Deals schwierig einzuklagen sind, erübrigen sich förmliche Vertragsabschlüsse. Der Handschlag gilt!

Dann kommt der wichtigste Schritt: Informieren Sie Ihren Bekanntenkreis über das vorbildliche bisherige oder künftige Verhalten des Geschäfts, und laden Sie sie ein, dort im angegebenen Zeitraum einzukaufen. Einen kleinen Überblick über das Sortiment beilegen! Zusätzlich sollten Sie die Einladung auch an thematisch betroffene örtliche Organisationen schicken (zu finden auf www.bewegung.taz.de) mit Bitte um Weiterleitung an die Mitglieder; ferner an Organisationen, die inzwischen in einigen Städten Carrotmobs durchführen (in die Internetsuchmaschinen »Carrotmob« und den Ortsnamen eingeben).

Die erzielten Mehreinnahmen sind erfreulich, aber Sie sollten mehr aus der Aktion machen. Die Carrotmobber sollten eine Weile im Geschäft oder davor bleiben, damit die Aktion auffällt. Getränke auszuschenken trägt dazu bei. Mit einem Megaphon könnten Sie Passanten und Nachbarn aufmerksam machen: »Wir kaufen bei XY ein, weil ...«. Und natürlich schicken Sie nach geglückter Aktion eine Pressemitteilung samt Bild an die örtlichen Medien, damit andere Geschäfte neidisch werden. Näheres zur Vorbereitung und Durchführung eines Carrotmob in fünf Schritten unter www.carrotmob-akademie.de; die in München ansässige Carrotmob-Akademie bietet kostenlose Beratung an.

💣 *Wirkung:* Auch wenn das Geschäft eventuell zusätzliches Personal und mehr Ware besorgen muss und die Mehreinnahmen nicht genau kalkulierbar sind (Anhaltspunkt: Bei einem erfolgreichen Carrotmob in einem Berliner Kiosk wurden an einem Tag circa 4 000 Euro erzielt), werden sich viele Geschäfte angesichts des Werbeeffekts einem Versuch nicht verschließen. Selbst wenn nicht Hunderte, sondern nur zehn Leute zum Carrotmob kommen, motivieren sie das Geschäft, auf dem eingeschlagenen Weg fortzufahren. Vielleicht werden andere Geschäfte animiert, ebenfalls verantwortungsbewusster zu wirtschaften und so in den Genuss eines Carrotmobs zu kommen.

🕐 *Aufwand:* Es gibt einiges zu tun. Sie sollten Mitstreiter finden und sich von eventuell existierenden örtlichen Carrotmob-Organisationen helfen lassen.

☂ *Risiken:* Keine. Falls die Aktion ein Schlag ins Wasser wird und nur wenige Mehrkunden erscheinen, ist auch nichts verloren.

☺ *Spaßfaktor:* Spannung, wer kommen wird, und freudige Überraschungen! Nach erfolgreicher Aktion wird man Sie im Geschäft als Ehrenkunde behandeln.

## Aktion 44: Einen Smart Mob organisieren

🐚 *Anlass:* »Flashmobs« (Blitzzusammenkünfte) sind in Mode gekommen, dienen aber meist nur der Gaudi: Man bestellt Leute an einen Ort, um dort ausgiebig zu feiern. Beim »Smart Mob« (schlaue Zusammenkunft) lädt man ebenfalls Menschen zu einem bestimmten Zeitpunkt an einen bestimmten Ort ein, aber zu anderen Zwecken. Sie sollen dort etwas Schlaues tun, sprich: eine politische Botschaft verbreiten. Beispielsweise sich in einer Halle des Hauptbahnhofs einfinden, zu einer exakten Uhrzeit mit Trillerpfeifen auf sich aufmerksam machen, Plakate mit der Aufschrift »Bahnlinie nach XY nicht stilllegen!« aus der Tasche ziehen und in die Höhe halten. Nach einer ausgemachten Zeit gehen dann alle Teilnehmer von allein wieder ihrer Wege und widmen sich ihren Tagesgeschäften.

Da die politische Botschaft eines Smart Mobs in einer gewissen Beziehung zum Ort der Aktion stehen und außerdem viel Publikum anwesend sein sollte, kommen nicht alle Orte in Frage. Beobachtet wurden in Deutschland in den letzten Jahren Smart Mobs auf belebten städtischen Plätzen mit Botschaften zu allgemeinen politischen Themen, vor Rathäusern mit kommunalpolitischen Forderungen, in Warenhäusern mit Konsumkritik, vor einer Fabrik zur Unterstützung von Streikenden und selbst im Kreisverkehr auf dem Fahrrad gegen fahrradfeindliche Verkehrsregelungen. Und warum künftig nicht auch in Theaterfoyers, bei Sportveranstaltungen oder bei Wahlreden von Politikern?

☑ *Aktion:* Die Einladung wird über persönliche Verteiler, Twitter oder Facebook übermittelt, und natürlich auch über Organisationen am Ort, die in dem Themenfeld arbeiten.

Man kann die Aktion auch als Projekt auf entsprechenden Internetseiten ankündigen (siehe Aktion 27) und um Beteiligung bitten. Da man sich beim Smart Mob nicht vorher oder am »Tatort« abspricht, müssen alle Teilnehmenden ihre Rolle völlig eigenständig spielen können. Genaue Anweisungen an die Eingeladenen sind daher entscheidend für das Gelingen des Smart Mobs: Wann sollen sie sich am Tatort einfinden und dort, ohne miteinander in Kommunikation zu treten, bis zum Aktionsbeginn warten? Wann genau sollen sie mit ihrer Aktivität beginnen (eine Erinnerung, die eigene Uhr zum Zeitabgleich nach den Nachrichten zu stellen, ist hilfreich)? Was soll jeder tun? Wann wird die Aktion abgebrochen und der Tatort verlassen?

Zunächst müssen die Teilnehmer auf sich aufmerksam machen. Etwa durch Trillerpfeifen, Anlegen von besonderer Kleidung, Aufsetzen von Masken, Hinlegen oder Ähnliches. Dann folgt das Übermitteln der eigentlichen Botschaft. Man kann sie auf Plakate schreiben oder rufen. Besonders eindrucksvoll ist, sie symbolisch oder theatralisch zu unterstreichen, zum Beispiel durch Herumhumpeln mit angeketteten Beinen, um gegen die verschärfte Residenzpflicht für Asylbewerber zu protestieren. Zum ausgemachten Zeitpunkt hören alle Teilnehmenden auf, packen ihre Requisiten ein und gehen ihrer Wege, ohne mit den anderen Smart Mobbern zu reden. Sie selbst als Organisator fotografieren oder filmen die Aktion am besten. Dass man den Smart Mob durch Pressemitteilungen ankündigt (ohne den genauen Ablauf zu verraten), versteht sich von selbst, desgleichen, dass man Bilder und Filme nach erfolgreicher Aktion an die Medien verschickt oder auf YouTube einstellt.

💣 *Wirkung:* Der Smart Mob ist zwar faktisch eine Demonstration, aber er wirkt nicht durch Demonstration von Masse und damit von Macht. Er gewinnt die Aufmerksamkeit von Passanten für seine Botschaft durch sein überraschendes, plötzliches Auftreten; pfiffige, symbolische Handlungen verstärken sie noch. Einzelne Menschen, die beim Smart Mob scheinbar eigenständig handeln, machen neugieriger als die Massenansammlung von Menschen. Von Smart Mobs geht allerdings weniger öffentlicher Druck auf Entscheidungsträger aus als von einer Massendemonstration.

Strenggenommen handelt es sich bei Smart Mobs um zeitlich kurze Demonstrationen mit Zügen eines Happenings. Deswegen werden sie auch als etwas unernst, als Ausdruck der Hipster-Kultur kritisiert. Die Teilnahme en passant scheint einem heute verbreiteten Bedürfnis nach unverbindlicher Partizipation entgegenzukommen, wie die wachsende Zahl von Smart Mobs mit jungen Aktivisten in Deutschland zeigt. Smart Mobs sind aber auch in Mode gekommen, weil sie leicht und juristisch risikoarm durchführbar sind (siehe weiter unten). Deswegen sind sie inzwischen auch von Firmen für Werbekampagnen entdeckt worden, und leider unterlaufen auch Rechtsradikale Demonstrationsverbote mithilfe von Smart Mobs (zum Beispiel beim »Hessmob«).

*Aufwand:* Der Vorbereitungsaufwand ist deutlich geringer als bei einer Demonstration (keine Anmeldung bei Behörden, kein technischer Aufwand für Reden, kurzer Ablauf). Der größte Einsatz liegt im Ausdenken einer Aktivität, die von einzelnen unabhängig ausgeführt werden kann, und in ihrer genauen Beschreibung in der Einladung.

*Risiken:* Für Teilnehmer wie Initiatoren klein. Bei Smart Mobs kommt es in der Regel nicht zur zivilrechtlich riskanten Schädigung Dritter. Was ein Smart Mob ist, lässt sich juristisch nicht eindeutig fassen. Es handelt sich nicht klar um eine Demonstration, weil jeder Teilnehmer für sich und ohne Kommunikation mit anderen handelt. Diese Unschärfen verringern etwaige juristische Risiken für die Teilnehmenden und Initiatoren.

☺ *Spaßfaktor:* Hoch, wenn die Choreographie klappt und die Passanten verdutzt schauen!

## Aktion 45: Luxussanierungen? Nein danke!

🔔 *Anlass:* Wenn Ihr Hausbesitzer Modernisierungsmaßnahmen ankündigt, kann das viele Unannehmlichkeiten zur Folge haben: Lärm, Schmutz oder Strom-, Heizungs- und Wasserausfälle während des Umbaus. Vor allem aber spätere Mieterhöhungen. Zweifellos gibt es Modernisierungen, die auch für Sie als Mieter von Vorteil sind und die Unannehmlichkeiten aufwiegen. Oft dienen Modernisierungen aber nur einem Zweck: den Wohnungsstandard so anzuheben, dass sehr hohe Mieten erzielbar sind. Bis zu elf Prozent der Modernisierungskosten dürfen Ihnen zeitlich verteilt auf die Miete aufgeschlagen werden. Das kann für Sie und andere Mieter bedeuten, dass Sie über kurz oder lang ausziehen müssen.

Die gute Nachricht: Sie müssen eine Modernisierung nur dulden, wenn sie angemessen und sinnvoll ist. Das ist der Fall, wenn sie einen allgemein üblichen Standard herstellt oder – wie bei energetischen Sanierungen – gesetzlich vorgeschrieben ist. Unangemessen wäre eine Luxussanierung, beispielsweise aufwendige Verschönerungen der Fassade und des Eingangsbereiches mit Marmor. Sie können gegen die vorgesehene Modernisierung Widerspruch und andere Rechtsmittel bis hin zur Klage einlegen. Widerspruch sollten Sie auf alle Fälle einlegen, sonst kann Ihre Duldung als stillschweigende Zustimmung ausgelegt werden! Auch gegen Ihre spätere Beteiligung an den Kosten von Luxussanierungen in Form von Mieterhöhungen können Sie sich wehren!

Luxussanierungen sind auch ein öffentliches Ärgernis. Mit ihnen wird die Struktur einer Stadt verschlechtert: Einkommensschwache Bevölkerungsgruppen werden an die Peripherie abgedrängt, Reiche beziehen die attraktiven Stadtteile. Sich gegen diese »Gentrifizierung« zu wehren ist Bürgerpflicht!

☑ *Aktion:* Sie werden eine schriftliche Ankündigung der Modernisierung im Briefkasten finden, in der die Modernisierungsarbeiten, deren Kosten und die zu erwartende Mieterhöhung beschrieben sein müssen. Setzen Sie sich nun mit anderen Mietern im Haus zusammen. Rechnen Sie die finanziellen Folgen der Sanierung durch, und kommen Sie zu einer gemeinsamen Einschätzung, ob es sich um eine Luxussanierung handelt. Beachten Sie dabei den Unterschied zwischen Instandhaltungs- und Modernisierungsmaßnahmen. Kosten für die Instandhaltung dürfen nicht auf die Miete umgelegt werden. Eventuell wird es nötig sein, dazu beim Hausbesitzer weitere Informationen einzuholen, er ist gesetzlich verpflichtet, genaue Angaben zu machen. Drohen Sie mit Ihrem Widerspruch gegen die Ankündigung, falls er sie Ihnen nicht gibt! Ein Widerspruch gegen eine inkorrekte oder unvollständige Ankündigung zwingt den Hausbesitzer, eine neue Ankündigung zu schicken, was auf eine Verzögerung des Baubeginns hinausläuft.

Wenn Sie alle Informationen haben, überlegen Sie sich, ob es Gründe gibt, der Maßnahme zu widersprechen. Sei es, dass die Sanierung in Wirklichkeit eine Luxussanierung ist, sei es, dass sie eine »unzumutbare Härte« darstellt. Unzumutbar wäre beispielsweise, wenn die Umbaumaßnahmen zu Gesundheitsschäden führen, was im Winter leicht der Fall sein kann; wenn Sie nach Abschluss der Modernisierung dauerhafte Nachteile wie kleinere Wohnfläche, weniger Licht erleiden; wenn eigene Umbauten, die Sie mit Einwilligung des Vermieters vorgenommen haben, nutzlos würden; oder wenn in der Wohnung gebrechliche Personen wohnen, denen die Umbaumaßnahmen nicht zugemutet werden können. Eine angekündigte zu starke Mieterhöhung (zum Beispiel wenn sie mehr als 20 bis 30 Prozent des Nettoeinkommens beträgt) ist leider kein Widerspruchsgrund mehr, seit das Mietrecht am 1. Mai 2013 novelliert wurde. Man kann gegen unzumutbare Mieterhöhungen (in der Regel gegeben, wenn die Miete mehr als 20 bis 30 Prozent des Nettoeinkommens ausmacht) jetzt erst nach der Sanierung vorgehen.

Was ein aussichtsreicher Widerspruchsgrund ist, hängt sehr vom Einzelfall ab. Man sollte sich von einem in Mietsachen erfahrenen Rechtsanwalt oder vom örtlichen Mieterschutzverein beraten lassen. Vielleicht ist unter Ihren Mitmietern einer, der eine Rechtsschutzversicherung hat und stellvertretend für die übrigen Mieter Beratung einholt. Oder teilen Sie sich die Rechtsanwaltskosten!

Wenn Sie Gründe für einen Widerspruch sehen, können Sie nach einer angemessenen Frist (lassen Sie sich zwei Monate Zeit!) schriftlich, am besten eingeschrieben, Widerspruch einlegen. Dann muss der Vermieter sich beim Mietgericht einen sogenannten Duldungstitel beschaffen. Fängt er früher mit den Baumaßnahmen an (eine Ankündigung muss drei Monate vor Baubeginn zugestellt werden, Aushänge genügen nicht), könnten Sie – nach juristischer Beratung – den

Handwerkern den Zugang zu Ihrer Wohnung verwehren oder im Außenbereich stattfindende Arbeiten notfalls sogar per gerichtlicher einstweiliger Anordnung verhindern. Auch die Nachbarn im Nebenhaus könnten übrigens motiviert werden, den Modernisierungsmaßnahmen zu widersprechen und bei zu hoher Lärmbelästigung eventuell Ruhezeiten zu fordern.

Wenn nun eine korrekte Ankündigung samt Duldungstitel vorliegen, wäre an eine zivilrechtliche Klage zu denken. Diese ist unbedingt mit einem Rechtsanwalt vorzunehmen. Am besten, ein Mieter im Haus mit Rechtsschutzversicherung übernimmt die Klage. Diese hat zwar keine Gültigkeit für andere Mietverhältnisse, kann von anderen aber als Vorlage verwendet werden. Falls Sie sich vor Gericht wehren, sollten Sie das kundtun! Hängen Sie beispielsweise Plakate aus dem Fenster »Wir sollen luxussaniert werden, wir klagen!«

Während des Umbaus gibt es weitere Möglichkeiten, widerspenstig zu sein. Man kann besondere Aufwendungen wie Reinigungskosten geltend machen, eventuell sogar die Miete bei stark beeinträchtigtem Wohnwert, zum Beispiel bei Heizungs- und Wasserausfall, mindern (Letzteres aber nicht, wenn die Ausfälle infolge energetischer Sanierungsmaßnahmen zustande kamen). Im Einzelfall kann es kompliziert werden, also möglichst nicht ohne Rechtsberatung loslegen! Weitere Informationen unter www.bmgev.de/mietrecht/tipps-a-z/artikel/modernisierung.html.

💣 *Wirkung:* Sie werden zwar mit allen Widersprüchen und Klagen eine Luxussanierung letztlich nicht verhindern können, wenn Sie es mit einem skrupellosen Hausbesitzer zu tun haben. Aber Sie verzögern, Sie streuen Sand in die Umbaumaßnahmen. Die Chancen sind groß, dass ein Hausbesitzer angesichts der Gegenwehr in seinem Haus kompromissbereit wird, vielleicht Abstriche beim Sanierungskonzept und bei der Mieterhöhung macht. Jede Verzögerung der Baumaßnahmen kann ihn viel Geld kosten! Auf jeden Fall haben Sie Ihre Pflicht als Bürgerin, als Bürger getan und ein Zeichen gesetzt!

🌑 *Aufwand:* Hoch und andauernd. Sie erwartet unter Umständen ein Kleinkrieg. Die Einschaltung eines Rechtsanwalts beziehungsweise von Mieterberatungen ist unumgänglich.

☂ *Risiken:* Bei bloßer Widerspruchseinlegung gering. Wenn Sie sich zusammen mit anderen Mietern im Haus wehren, entfällt auch die Gefahr persönlicher Repressalien des Hausbesitzers gegen Sie. Sie wären ohnehin illegal und werden von professionell vorgehenden Hausbesitzern, vor allem von Wohnungsgesellschaften, selten vorgenommen. Riskanter wird es, wenn Sie mit einstweiligen Verfügungen operieren. Hier nur mit rechtlicher Beratung vorgehen, da Sie eventuell für ungerechtfertigte Verzögerungen haftbar gemacht werden können.

☺ *Spaßfaktor:* Besteht in der Genugtuung, Widerstand geleistet zu haben, etwas eingetrübt durch die Unannehmlichkeiten der Baumaßnahmen.

## Aktion 46: Stellen Sie Ihr Depot auf ethische Anlagen um

*Anlass:* Gierige Banker verteidigen ihr Treiben manchmal mit dem Argument: »Die Aktionäre wollen Rendite sehen, egal wo und wie das Geld arbeitet«. Damit haben sie heute nur noch zum Teil recht. Immer mehr Menschen möchten mitbestimmen, wo ihr Geld »arbeitet«. Sie möchten ausschließen, dass es in Geschäfte fließt, die mit Rüstung, Atomenergie, Steueroasen, Gentechnik, Menschenrechtsverletzungen, Spekulation oder Umweltschädigungen verbunden sind. Oder sie bevorzugen gezielt ethisch vertretbare Kapitalanlagen (zum Beispiel Ökofonds oder Mikrokredite an Kleinbauern in der Dritten Welt). Viele geben ihr Geld auch Alternativbanken, die sich verpflichtet haben, verantwortungsbewusst mit Geld umzugehen. Die ethische Geldanlage ist sozusagen der Buy- oder Boykott von Finanzprodukten.

Wer sich zu einer ethischen Geldanlage entschließt, muss dabei nicht unbedingt finanzielle Nachteile in Kauf nehmen. Es spricht viel dafür, dass politisch, sozial oder ökologisch nachhaltige Geldanlagen auch finanziell nachhaltiger sind. Die Alternativ- und Kirchenbanken sind fast ohne Verluste durch die Finanzkrise der vergangenen Jahre gekommen. Viele nachhaltige Geldanlagen – zum Beispiel der von der UmweltBank aufgelegte Aktienfonds Ökovision, der Sarasin OekoSar Equity-Global und der GreenEffects NAI-Werte Fonds – lieferten während des damaligen Wertverfalls von Aktien erstaunlich gute Renditen. Die Stiftung Warentest ermittelte für »saubere« Fonds 2010 eine Durchschnittsrendite von 2,5 Prozent pro Jahr in den vergangenen fünf Jahren, was als gutes Abschneiden gewertet wurde (www.test.de/saubere-fonds). Man muss also nicht Rendite für Ethik opfern!

☑ *Aktion:* Am besten verbinden Sie eine ethische Umstellung Ihrer Wertpapiere mit einem Konto- und Depotwechsel zu einer der ethischen beziehungsweise alternativen Banken (vergleiche Aktion 23), die sich für die Einhaltung ihrer ethischen Normen verbürgen und der Spekulation abschwören. Eine Übersicht finden Sie in dem Buch *Geld und Geldwissen. Was wir gegen den Crash tun können* von Wolfgang Kessler und Antje Schneeweiß (2010, Seite 133 ff.). Die wichtigsten sind:

- Die EthikBank, die in soziale und Umweltprojekte investiert und übrigens auch eine entsprechende Riester-Rente anbietet.
- Die GLS-Bank hat einen anthroposophischen Hintergrund. Sie vergibt Kredite vor allem im Bildungsbereich und für erneuerbare Energien und bietet Aktien an, die von der unabhängigen Ratingagentur imug (Institut für Markt-Umwelt-Gesellschaft) geprüft wurden.
- Die Triodos Bank investiert 70 Prozent des angelegten Kapitals in ökologische, soziale und kulturelle Projekte, den Rest in Mikrokredite in Entwicklungsländern.
- Schwerpunkt der UmweltBank ist die Finanzierung von ökologischen Projekten, unter anderem von Unternehmen der Solar- und Windenergie und des Recyclings.
- Kirchliche Banken wie die Bank für Kirche und Caritas, die Steyler Bank oder die KD-Bank für Kirche und Diakonie. Sie schließen unter anderem Unternehmen aus, deren Geschäfte Abtreibungen fördern.

Prüfen Sie zunächst, welche ökologischen, sozialen oder ethischen Kriterien Ihnen wichtig sind. Dabei hilft ein kleiner Test des Rats für Nachhaltige Entwicklung (www.nachhaltiger-warenkorb.de, Broschüre, Seite 80). Lassen Sie sich dann von der neuen Bank beraten, welche Anlagemöglichkeiten Ihren Wertvorstellungen entsprechen. In Frage kommen Festgelder, Sparanlagen und Sparbriefe sowie Aktien einzelner geprüfter Unternehmen und nachhaltige Fonds, Direktbeteiligungen an Projekten, ferner nachhaltige Lebensversicherungen, selbst – falls Sie sie nicht für Betrug halten – für Riester-Renten. Erkundigen Sie sich, welche Renditen und Risiken die einzelnen Anlagen besitzen und welche Transaktionskosten beim Kauf und Verkauf anfallen. Auch ist der Service kleinerer ethischer Banken manchmal eingeschränkt – die EthikBank bietet zum Beispiel kein Girokonto, und die nächste Zweigstelle kann weit entfernt sein.

Falls Sie Ihre jetzige Bank nicht verlassen wollen, können Sie sich auch dort über ethische Anlagen beraten lassen. Aber Achtung: Man wird Ihnen das vielleicht ausreden wollen mit Hinweis auf mangelhafte Renditen, schlechten Service, Risiken und so weiter. Verlangen Sie eine Einzelfallprüfung unter Berücksichtigung unabhängiger Bewertungen wie der Ratingagenturen imug oder Oekom sowie der Stiftung Warentest (unter »Fondsvergleiche«). Vorsicht bei sogenannten »Best-of-class«-Beurteilungen! Dabei kommt der relativ Beste in einer Branche in den Genuss von Nachhaltigkeitsbescheinigungen. So kann absurderweise der Ölgigant BP in seiner Branche das Prädikat »grün« erhalten.

💣 *Wirkung:* Sie werden nicht nur mit besserem Gewissen Ihre Rendite erzielen. Bei Direktinvestitionen wie zum Beispiel in Windkraft, Mikrokredite, karitative Einrichtungen fördern Sie auch direkt erwünschte Entwicklungen. Es gibt auch eine generelle Wirkung. Je mehr Geldanlagen gemäß nachhaltigen und ethischen Kriterien »geratet« werden, desto stärker gerät das Management von Unternehmen und Kapitalanlagen unter Druck, entsprechend zu wirtschaften.

Selbst die Deutsche Bank unterhält inzwischen eine interne Abteilung, in der sie Informationen über die Nachhaltigkeit von Unternehmen sammelt.

Obwohl seit der Finanzkrise viele Bankkunden den privaten Großbanken den Rücken gekehrt haben und zu alternativen Banken gewechselt sind, ist das Potential nachhaltigen Investments insgesamt noch vergleichsweise klein. 2011 lag es in Deutschland bei 63 Milliarden, allerdings mit steigender Tendenz. Die Signalwirkung der ethischen Anleger ist aber bereits bemerkbar. Banken wie die Commerzbank werben inzwischen mit einem angeblich verantwortungsvolleren Umgang mit Geldanlagen.

*Aufwand:* Mittel- und langfristig müssen Sie – betrachtet man die Renditeentwicklung alternativer Banken und nachhaltiger Anlagen – keine nennenswert geringere Rendite in Kauf nehmen. Dafür wird der Weg zu einer ethischen Bank eventuell weiter sein, und es werden nicht überall Geldautomaten zur Verfügung stehen. Vielleicht ist eine gemischte Strategie ratsam: ein Girokonto für den täglichen Zahlungsverkehr bei einer nahegelegenen Bank oder kostenlos bei einer Direktbank, das Depot bei einer ethischen Bank.

*Risiken:* Die genannten alternativen Banken (mit Ausnahme der holländischen Triodos Bank) gehören dem deutschen Einlagensicherungsfonds an, Ihre Einlagen sind also im gleichen Umfang geschützt wie bei anderen Geschäftsbanken. Generell gelten nachhaltige Anlagen als mittel- und langfristig risikoarm. Das finanzielle Risiko der Kurs- beziehungsweise der Renditeentwicklung von Anlagen ist von Fall zu Fall zu beurteilen. Fragen Sie Ihren Bankberater! Investitionen in Solarfirmen beispielsweise erlitten jüngst starke Geschäftseinbußen.

☻ *Spaßfaktor:* Ein dauerhaft gutes Gefühl, ab und zu getrübt durch einzelne finanzielle Verluste, die es aber bei profitgeleiteten Anlagen ebenfalls – eher noch ausgeprägter – gibt.

## Aktion 47: Guerilla Gardening gegen hässliche öffentliche Räume!

🔑 *Anlass:* Alle öffentlichen Räume, die unansehnlich und ungepflegt sind: zubetonierte oder totalasphaltierte Plätze, vergammelte Winkel, ungepflegte Rabatten, lieblos gestalte Vorgärten vor öffentlichen Gebäuden. So wie zerbrochene Fenster signalisieren »Hier bleibt Vandalismus ungestraft« und zu weiteren Zerstörungen einladen, so signalisieren verunstaltete öffentliche Räume: »Hier haben sich Menschen daran gewöhnt, dass das Gemeinwesen verkommt.« Die Hässlichkeit der Städte ist ein Zeichen für politische Resignation, schlimmer noch, sie fördert sie vielleicht sogar!

☑ *Aktion:* Durch subversives Anpflanzen von Blumen, Beeten, Gewächsen aller Art – warum nicht auch von Gemüse? – können Sie hässliche öffentliche Räume schöner machen! Kleine Fleckchen Erde finden sich fast überall, notfalls erweitern Sie eine Erdstelle ein bisschen (»Unter dem Pflaster ist die Erde …«). Falls keine Erde da ist oder Ihnen das Risiko beim Entsiegeln von Gehwegplatten zu hoch ist, können Hochbeete angelegt werden, beispielsweise in Form von Kisten, flachgelegter alter Kleiderschränke und so weiter. Pflanzen Sie robuste, Trockenheit aushaltende Pflanzen wie Ringelblumen, Strauchrosen oder Efeu oder säen Sie (am besten vor Regenfällen). Schilder oder gesprayte Schriften wie »Unsere Stadt soll nicht verkommen!«, »Dies ist ein Guerillagarten!« oder »Grün statt Betonwüste« erklären den Sinn der Aktion.

Gut wäre es, wenn es Ihnen gelingt, Bewohner einzubeziehen und zu gelegentlichem Gießen, Hacken und Düngen zu gewinnen. Auf belebten Plätzen lässt es sich kaum in Ruhe und unbemerkt gärtnern. Hier können »Saatbomben« zum Einsatz kommen: Päckchen aus dünnem Papier, in denen Erde und verschiedene Samen gemischt sind und die man auf Leerflächen, in leere Tröge oder über Zäune in Vorgärten werfen kann. Der Phantasie sind beim wilden Gärtnern keine Grenzen gesetzt! Anregungen vom Pionier des Guerilla Gardening, dem Londoner Richard Reynolds, finden Sie unter www.youtube.com (Suchwort Guerilla Gardening). Wenn Sie ein größeres Guerilla-Gardening-Projekt vorhaben, dann lohnt es sich durchaus, mit der Gartenbaubehörde Kontakt aufzunehmen. In Zeiten knapper Kassen sind die Kommunen oft froh über bürgerschaftliches Engagement und unterstützen Sie vielleicht mit Erde, Baumaterial und mit Rat und Tat.

*Wirkung:* Passanten erfreut der Anblick von Blumen in trostloser Umgebung, sie merken: Hier ist Anwohnern ihr öffentlicher Wohnraum nicht egal, was sie vielleicht ihrerseits zu einem pfleglicheren Verhalten animiert, zum Beispiel nicht auf Rabatten zu parken, den Hund dort nicht Gassi zu führen. Wichtiger ist die politische Botschaft: Wir geben den öffentlichen Raum nicht auf, wir nehmen die Untätigkeit der Kommune nicht einfach hin!

*Aufwand:* Mittel bis hoch. Relativ zeitaufwendig, da es mit einer einzigen Aktion nicht getan ist. Sie müssen den einmal angelegten Garten immer wieder besuchen, pflegen, düngen, gießen, eventuell nachpflanzen, es sei denn, Sie gewinnen Anlieger zur Pflege; auch kosten Pflanzen und Samen etwas Geld.

*Risiken:* Guerilla Gardening ist nicht völlig legal. Sie brauchen strenggenommen eine Genehmigung, um in öffentlichen Räumen etwas anzupflanzen. Bisher ist aber noch kein Fall bekanntgeworden, dass ein Guerillagärtner angezeigt worden wäre. Schlimmstenfalls wird man Sie auffordern, Ihre Anpflanzung wieder zu entfernen. Dann haben Sie die Chance, Öffentlichkeit zu mobilisieren, zum Beispiel indem Sie vor Ihrem Garten einen kleinen Sitzstreik organisieren (natürlich mit Presseankündigung)!

*Spaßfaktor:* Sehr hoch, vor allem wenn Sie gern gärtnern! Befriedigend auch, wenn Sie später die gewachsenen und blühenden Pflanzen sehen – es war Ihr Werk!

## Aktion 48: Sitzblockaden gegen Zwangsräumungen in der Nachbarschaft

*Anlass:* In vielen deutschen Großstädten steigen die Mieten rasant, gleichzeitig geraten immer mehr Menschen in Armut. Das Ergebnis: Zwangsräumungen von Mietwohnungen und Verdrängung einkommensschwacher Gruppen an die Peripherie. Zwangsräumungen kommen nicht über Nacht, sie kündigen sich schrittweise in juristischen Verfahren an, so dass Zeit zur Vorbereitung von Gegenmaßnahmen bleibt. Die letzte Gegenmaßnahme wäre eine Sitzblockade, die den Vollzug der Räumung durch einen Gerichtsvollzieher und ein beauftragtes Unternehmen verhindert oder zumindest verzögert. So organisierten Mieterinitiativen und Nachbarn für die fünfköpfige Familie Gülbol in Berlin-Pankow im Herbst 2012 Sitzblockaden, mit denen zweimal verhindert wurde, dass der Gerichtsvollzieher zur Wohnung vordringen konnte.

☑ *Aktion:* Wenn Sie von einer sozial unakzeptablen Wohnungskündigung hören, sprechen Sie mit dem betroffenen Mieter und erkunden Sie seine Bereitschaft, bis zur Zwangsräumung Widerstand zu leisten. Schildern Sie den möglichen Ablauf und die Aussichten einer Sitzblockade. Er selbst muss sich nicht aktiv beteiligen. Scheitert die Blockade, übergibt er dem Gerichtsvollzieher die Wohnungsschlüssel und zieht aus, ohne wegen der Blockade juristische Risiken in Kauf zu nehmen. Falls er einverstanden ist, gründen Sie mit Freunden oder anderen Nachbarn einen »Unterstützerkreis XY«, was rasch und informell möglich ist, drei bis vier Personen genügen. Lassen Sie sich zum Sprecher ernennen, und verschicken Sie als erste Handlung des Unterstützerkreises eine Pressemitteilung, in der gegen die Zwangsräumung protestiert wird und nicht näher genannte Gegenmaßnahmen angekündigt werden.

Dann heißt es, in der Nachbarschaft Mitstreiter zu gewinnen. Zuerst sollten Sie einen entsprechenden Infobrief in die Briefkästen der Nachbarschaft werfen, der den Fall, den Räumungstermin und die geplante Aktion grob beschreibt. Zerstreuen Sie im Brief eventuelle Bedenken: Alle, die nach polizeilicher Aufforderung die Sitzblockade verlassen, haben keine juristischen Konsequenzen zu befürchten. Bitten Sie um Meinungsäußerung und um Bereitschaft zur Teilnahme an der Sitzblockade sowie um Kontaktdaten (Telefon). Allein in der Nachbarschaft werden Sie kaum genügend Mitstreiter finden. Laden Sie daher auch einschlägige örtliche Gruppen (zu finden über www.bewegung.taz.de) sowie Mieterbund und -initiativen, Attac, Die Linke und so weiter ein. Danach bitten Sie die Mitstreiter zu einem Vorbereitungstreffen in eine nahegelegene Wirtschaft. Besonders stark engagierte Personen werden in den Unterstützerkreis geholt und mit Aufgaben betraut.

Der Ablauf der Sitzblockade selbst ist einfach: Etwa eine halbe Stunde vor dem Räumungstermin versammeln sich die Blockierer auf der Straße vor dem Hauseingang. Wenn Transparente dabei sind und Flugblätter verteilt werden, gibt das schöne Bilder für die Medien. Sobald der Gerichtsvollzieher erscheint, setzen sich die Aktivisten möglichst in mehreren Reihen vor die Tür. Die risikobereiten unter den Aktivisten, die sich notfalls von der Polizei »abräumen« lassen wollen, setzen sich direkt vor den Hauseingang. Damit ein besonders diensteifriger Gerichtsvollzieher nicht über das Nachbargrundstück oder durch den Hintereingang ins Haus kommt – so geschehen beim dritten und vollzogenen Räumungstermin gegen die Familie Gülbol –, sollte man auch für diesen Fall Vorsorge tragen. Wichtig: auf öffentlichem Grund blockieren, also vor dem Hauseingang, weil Blockierer hier das Recht auf Versammlungsfreiheit und Meinungsäußerung geltend machen können. Im Haus besteht eine ungünstigere Rechtslage. Wenn der Hausbesitzer oder seine Beauftragten (Rechtsanwalt oder Hausmeister) die Blockierer des Haues verwiesen haben, droht allen, die weiter im Haus bleiben, eine Anklage wegen Hausfriedensbruch.

Wenn der Gerichtsvollzieher erscheint – beim ersten Mal in der Regel ohne Polizei –, wird er die Blockierer auffordern, den Weg freizumachen. Niemand, vor allem Sie nicht (damit Sie nicht in die Rolle des Rädelsführers kommen!), muss darauf irgendetwas antworten, das bloße Sitzenbleiben ist die Antwort! Beim ersten Mal wird der Gerichtsvollzieher in der

Regel gleich wieder abziehen. Heikler wird es, wenn der Gerichtsvollzieher mit Polizeibeamten anrückt. Sie werden zur Platzräumung auffordern, und wer dann noch bleibt, kann mit Gewalt weggetragen und eventuell auf das Polizeirevier zur Feststellung seiner Personalien und zur Beweissicherung gebracht werden. Deswegen vor der Aktion die Namen der zentralen Blockierer notieren, die sich wegtragen lassen wollen. Bis die zur Räumung nötigen Polizeikräfte angerückt und die Blockierer weggetragen sind, vergeht Zeit. Die Zwangsräumung wird mit hoher Wahrscheinlichkeit zumindest für diesen Tag verhindert.

Einzelheiten zur Vorbereitung und Durchführung einer Sitzblockade sowie zur Rechtslage finden Sie in der kleinen Blockadefibel von X-tausendmalquer, erhältlich auf deren Webseite unter »Material anfordern« (www.x-tausendmalquer.de/index.php?id=119). Hier wird alles Wesentliche am Beispiel der Sitzblockaden gegen die Castor-Transporte erläutert. Schablonen für Transparente und graphische Elemente für Plakate gibt es unter www.zwangsraeumungverhindern.blogsport.de.

💣 *Wirkung:* Leider eine zunächst nur aufschiebende. Der Rechtstitel zur Räumung bleibt erhalten, ein zweiter Räumungstermin mit eventuellem Polizeiaufgebot ist zu erwarten. In der Zwischenzeit kann vielleicht mithilfe von Mieterinitiativen, Vermieter, Parteien und Medien eine Lösung für den betreffenden Fall herbeigeführt werden.

Wichtiger als ein Aufschub ist die politische Wirkung der Sitzblockade. Wenn es zu vielen Aktionen gegen Zwangsräumungen kommt, verstärkt durch flankierende Maßnahmen wie Mietercamps, »Besuchen« bei Vermietern oder in der Wohnungsbaugesellschaft und so weiter, werden Politiker unter Druck gesetzt, Schritte zur Verbesserung der gesetzlichen und wohnungspolitischen Rahmenbedingungen zu unternehmen. 2013 ist dafür ein günstiges Jahr, denn das Ärgernis Mietexplosion ist Thema des Bundeswahlkampfes geworden. In Spanien denkt die Regierung nach zahlreichen Blockaden darüber nach, wie Zwangsräumungen gesetzlich eingeschränkt werden können. Auch ein jüngstes Urteil des Europäischen Menschengerichtshofes, den Mieter gegen eine Zwangsräumung angerufen hatten, gibt zu Hoffnungen Anlass. Also: Möglichst viel Medienarbeit vor und nach der Aktion in Form von Pressemitteilungen machen und Mietergruppen, Parteien, Bezirksausschüsse und so weiter einbeziehen!

*Aufwand:* Hoch. Viel Vorbereitungsarbeit, aber man kann sie im Unterstützerkreis und mithilfe einschlägiger Organisationen verteilen. Eine Mindestmenge von 20 Blockierern sollte man mobilisieren. Die Aktion selbst folgt einer einfachen Logik: dasitzen und warten, bis der Gerichtsvollzieher wieder abgezogen ist, was in der Regel nicht sehr lange dauert – oder bis man von der Polizei weggetragen wird.

*Risiken:* Die Teilnahme an einer Sitzblockade auf der Straße ist in der Regel eine Ordnungswidrigkeit und kann zu einem Bußgeldbescheid führen. Seit dem Urteil des Bundesverfassungsgerichts aus dem Jahre 1995 ist eine Sitzblockade keine psychische Gewaltausübung und erfüllt damit nicht mehr automatisch den Tatbestand der Nötigung. Allerdings ist es für Blockierer riskant, sich unterzuhaken und gegen den Abtransport zu wehren, das könnte als Nötigung ausgelegt werden. Etwas anders sieht das juristische Risiko für die Blockierer im Haus aus. Der Vermieter oder sein Vertreter (zum Beispiel der Hausmeister) wird die Anwesenden des Hauses verweisen und kann sie wegen Hausfriedensbruch anzeigen und von jedem einzelnen die Kosten der verhinderten Räumung verlangen (unter anderem für den bestellten Möbelwagen).

😃 *Spaßfaktor:* Die Gespräche in der Nachbarschaft, die man zur Vorbereitung führt, werden vielen gefallen, eventuell auch Enttäuschung bringen. Die Sitzblockade selbst kann lustig werden, Nachbarn bringen Tee, man stellt CD-Player mit Musik auf ...

## Aktion 49: Wenn eine Schließung droht: Jugendtreffs, Seniorenklubs, Schwimmbäder oder Büchereien besetzen

*Anlass:* Viele Kommunen bluten finanziell aus. Grund dafür sind wachsende Leistungspflichten, aber auch Bundes- und Ländergesetze, die die Einnahmemöglichkeiten der Kommunen verringern. Allein in Nordrhein-Westfalen stehen 136 Kommunen unter »Nothaushalt«. Sie reagieren mit Einsparungen bei öffentlichen Einrichtungen: Freiwillige Leistungen bei Sport und Kultur werden gestrichen, Außenstellen der Verwaltung, Bäder, Büchereien, Museen geschlossen, Buslinien oder Theaterangebote ausgedünnt. Dagegen regt sich zunehmend Widerstand. Der SPD-Politiker Rainer Häusler, bis 2013 Stadtkämmerer von Leverkusen, forderte gar einen »modernen Heimatkampf«.

Als Senioren hörten, dass das Bezirksamt Pankow ihren Klub schließen wollte, in dem sie bis dahin Schach und Bridge gespielt oder auch nur geratscht hatten, wurden sie kämpferisch. Sie besetzten die Villa, harrten 113 Tage aus und hatten am Ende Erfolg: Der Seniorenklub wurde weitergeführt.

☑ *Aktion:* Sobald Schließungspläne bekannt werden, gilt es, die Aktion vorzubereiten, denn sie erfordert viel Logistik, Unterstützer, Pressearbeit und politische Aktionen. Bei der Vorbereitung ist Diskretion wichtig. Die Aktion soll ja nicht durch Gegenmaßnahmen wie Absperrungen und so weiter vereitelt werden!

Zu organisieren ist vor allem eine Unterstützergruppe, die außerhalb des besetzten Hauses agiert und die viel zu tun hat: Sie hält permanenten Kontakt mit den Besetzern, liefert ihnen täglich Essen, frische Kleider, Zeitungen und so weiter; sie hat möglicherweise eine rasche Sitzblockade gegen eine etwaige Räumung durch die Polizei vorbereitet und dazu auch Unterstützung von örtlichen politischen Gruppen eingeholt; sie leistet die Pressearbeit und die Verhandlungen mit der Politik, mit zuständigen Behörden beziehungsweise mit den Eigentümern der besetzten Einrichtung; sie sollte möglichst auch einen Stand vor dem besetzten Haus samt Flugblattverteilung betreiben, damit die Öffentlichkeit erfährt, was in der Einrichtung vor sich geht.

Vorbereitet werden müssen ferner eine Presseerklärung, ein Brief an die zuständige Bezirksregierung und an die örtlichen Parteien samt Forderungen, Flugblätter sowie Transparente, die aus den Fenstern der besetzten Einrichtung gehängt werden. Ferner die Anfangsausrüstung mit Matte, Schlafsack, Essen, Getränken, Lampen, Lesestoff, Handy, so dass die Besetzer über den ersten Tag kommen. Was es vorbereitend alles zu tun gibt, kann hier nur stichwortartig genannt werden und fällt von Fall zu Fall unterschiedlich aus.

Am letzten Öffnungstag besuchen die Besetzer (es sollten möglichst mehrere sein) samt ihrem Gepäck einzeln die Einrichtung, solange sie noch offen ist (eine Gebäudebetretung nach Schließung würde eventuell als Einbruch ausgelegt werden). Man trifft sich an einem vorher ausgekundschafteten Platz im Gebäudeinneren, möglichst in Eingangsnähe, aber so, dass niemand beim Begehen der Einrichtung behindert wird. Dann lässt man sich nieder und richtet es sich gemütlich ein. Sie machen deutlich, dass Sie nicht mehr so schnell gehen werden! Früher oder später werden Bedienstete oder der Hausmeister kommen und Sie auffordern, das Haus zu verlassen, vielleicht sogar mit der Polizei drohen. Weigern Sie sich mit Hinweis auf Ihr Anliegen, sprechen Sie dabei nicht von Besetzung, sondern von einer »längerfristigen Sondernutzung aus ideellen Gründen«. Bleiben Sie freundlich und versuchen Sie, diese Personen auf Ihre Seite zu ziehen! Inzwischen hat die Unterstützergruppe eine Pressemitteilung herausgegeben (am besten schon zwei Tage vorher, damit Reporter entsandt werden – keine Angst, Journalisten behandeln die Ankündigung diskret), den vereinbarten Brief an die Bezirksregierung übermittelt und einen Infostand vor dem Gebäude eingerichtet.

Der weitere Fortgang hängt von der Reaktion der Betreiber beziehungsweise der Bezirksregierung ab. Bei Einrichtungen, die sicherheits- oder eigentumsrechtlich heikel sind wie zum Beispiel Museen oder Bäder, könnten die Zuständigen versuchen, rasch klar Schiff zu machen und die Polizei zum Räumen zu rufen. Dann hängt es von der Risikobereitschaft der Besetzer und ihrer Unterstützer ab, wie viel Widerstand geleistet wird. Sich wegtragen lassen und eine Sitzblockade der Helfergruppe auf öffentlichem Grund vor dem Eingang (vergleiche Aktion 48) wären denkbar und vertretbar, um der Sache öffentliche Aufmerksamkeit zu geben. Bei kleineren Einrichtungen wie einem Freizeittreff könnte es sein, dass die Zuständigen deswegen keinen öffentlichen Eklat riskieren wollen. Dann richten Sie sich auf weitere Besetzungstage ein – die Pankower Rentner dachten zuerst an zwei bis drei Tage, aus denen dann 113 wurden, aber das dürfte ein Extremfall sein! Vielleicht wird ein kommunaler Hardliner auch anordnen, den Besetzern Strom und Wasser abzudrehen, was besonders im Winter unangenehm sein kann – aber auch die Medien animiert, darüber zu berichten.

Die Zeit der Besetzung muss nun genutzt werden, um politisch auf den Weiterbestand der Einrichtung hinzuarbeiten. Entsprechende Forderungen – Zwischenfinanzierung, Zwischenträger, neue Nutzungsformen und so weiter – sind in der Pressemitteilung und in Briefen an Regierung und Parteien heranzutragen. Neue Pressemitteilungen und Aktionen der Unterstützer halten die Angelegenheit im öffentlichen Blick.

Günstig wäre es, während der Besetzung eine rudimentäre Nutzung der Einrichtung für Bürgerinnen und Bürger aufrechtzuerhalten. Sie unterlaufen damit die Schließung und schaffen Tatsachen für eine politische Lösung. Die Pankower Rentnerinnen und Rentner öffneten das Haus für die gewohnten Gruppen und erhielten so weitere Unterstützung. Während der gesamten Aktion sollte ein konfrontationsarmes, nicht-aggressives Verhalten an den Tag gelegt werden!

💣 *Wirkung:* Nichts fürchten Kommunalpolitiker so sehr wie öffentlichkeitswirksame Aktionen frustrierter Wähler. Für den Erfolg einer Aktion ist entscheidend, dass parallel politische Lösungen des Schließungsproblems vorangebracht werden. Viele Kommunalpolitiker werden über Besetzungen auch gar nicht unglücklich sein, verbessern sie doch ihren Stand bei finanziellen Verhandlungen mit Bund und Ländern. Der Bürgermeister von Bochum rief die Bürgerinnen und Bürger in diesem Sinn zur »Besichtigung« schließungsbedrohter kommunaler Einrichtungen auf. Selbst wenn die Besetzung vorzeitig abgebrochen wird, hat sie politischen Signalwert.

Bei öffentlichkeitssensiblen Einrichtungen sind Erfolge sehr rasch erzielbar. So erreichten Studierende der Chemie der Technischen Universität Karlsruhe 2012 mit ihrer Besetzung der Fachbereichsbibliothek, dass die Kürzung der Öffnungszeiten von der Universitätsleitung noch am selben Tag zurückgezogen wurde. Raschen Erfolg hatten auch die Schülerinnen und Schüler der Gesamtschule Ida-Ehre in Hamburg, als sie die zu kleine Kantine besetzten, um die Enge augenfällig zu machen.

🌓 *Aufwand:* Die Aktion zählt zu den aufwendigsten des ganzen Buches – sowohl bei der Vorbereitung als auch bei der Durchführung. Ein einzelner kann sie anstoßen und auf den Weg bringen, er muss aber mindestens zwei weitere Personen für die Besetzung selbst und bestimmt fünf bis zehn Personen für die externe Unterstützung hinzugewinnen. Pressemitteilungen, Flugblätter und Briefe an die Regierung und an Parteien und die Logistik für die Besetzer sind vorzubereiten. Nicht zu unterschätzen ist die Ausdauer, die die Besetzer aufbringen müssen.

☂ *Risiken:* Verlässt man trotz Aufforderung der Eigentümer oder ihrer Vertreter nicht das besetzte Gebäude, begeht man Hausfriedensbruch – daran ist juristisch nicht zu rütteln. Da man auf Privatgrund agiert, kann man sich nur bedingt auf sein Recht auf Meinungsfreiheit berufen. Nötigung anderer ist vermeidbar, und Nutzungseinbußen können von den Eigentümern kaum geltend gemacht werden, da die Einrichtung ja geschlossen wurde. Lassen sich die Besetzer wegtragen, könnte das als Widerstand gegen die Staatsgewalt ausgelegt werden.

Wenn alle gewaltfrei und höflich bleiben, besteht bei der Besetzung öffentlicher Einrichtungen eine gute Chance, dass keine Anzeigen gestellt werden. Wenn doch, dürfen die Besetzer auf milde Richter hoffen: Sie sind Täter mit einem dem Gemeinwohl verpflichteten Anliegen!

*Spaßfaktor:* Lassen wir eine der Pankower Seniorinnen über die Tage der Besetzung zu Wort kommen: »Ich möchte diese Zeit nicht missen! Wir haben viel Spaß gehabt, waren manchmal aber auch ziemlich am Ende!« Bürger brachten Kaffee und Obst, sogar ausländische Fernsehteams waren da.

## Aktion 50: Die Krönung des Bürgerprotests: eine Bürgerinitiative gründen

*Anlass:* Konkrete örtliche Probleme, deren Lösung einen dauerhaften und starken Druck von unten erfordert. Mit der Gründung einer Bürgerinitiative unternehmen Sie den Schritt vom individuellen Einzelprotest zum organisierten, dauerhaften Protest.

*Aktion:* Bürgerinitiativen sind an keine bestimmte Organisationsform gebunden. Man kann mit der Gründung einer Bürgerinitiative beginnen, die nur eine informelle, einfache Organisationsstruktur und wenige Mitglieder besitzt. Suchen Sie einige Mitstreiter, und laden Sie gemeinsam (notfalls auch Sie allein) per Flugblatt oder durch Plakate zu einer öffentlichen Gründungsversammlung ein, beispielsweise in ein Lokal. Kündigen Sie die Versammlung durch eine Pressemitteilung den örtlichen Medien an. Sie begrüßen die Versammlung im Namen der Gründergruppe und lassen sie dann einen Versammlungsleiter wählen, der die Versammlung moderiert und gleich zu Beginn einen Protokollführer organisiert.

Dann stellen Sie das Problem dar und machen erste Vorschläge beziehungsweise Forderungen zu seiner Lösung. Wenn Sie den Eindruck haben, dass die Aussprache lange genug gedauert hat, schlagen Sie die Gründung einer Bürgerinitiative samt Namen vor, eventuell auch schon einen Leiter und einen Sprecher sowie eine Abstimmung darüber. Dann geben Sie eine Adressliste herum, auf der sich alle interessierten Mitglieder mit Namen, E-Mail und einer Telefonnummer eintragen sollen. Fragen Sie auch die Bereitschaft zur Mitarbeit ab, damit Sie einen Eindruck bekommen, wieviel Power in der Bürgerinitiative steckt. Bei hohem Engagement könnten Sie auch gleich erste kleine Arbeitspakete vorstellen und verteilen.

Manchem wird der Aufwand einer öffentlichen Gründungsversammlung als zu hoch erscheinen. Dann könnte man die Bürgerinitiative auch im kleinen Kreise gründen. Verfassen Sie mit wenigen Gleichgesinnten einfach ein Gründungspapier, in dem Ziele, Aufgaben und Mitglieder genannt werden, damit ist eine Bürgerinitiative-»light« geschaffen!

Über die Gründung der Bürgerinitiative wird eine Mitteilung an die Medien verschickt. Eine Satzung muss es bei der Bürgerinitiative mit informeller Organisationsstruktur nicht geben, was viel Gründungsarbeit erspart. Auch förmliche Mitgliedschaften entfallen, dabei ist, wer mitarbeitet. Die spätere Arbeit wird von den Aktiven in selbstgewählter Arbeitsstruktur beschlossen und ausgeführt.

Aufwendiger wird die Gründung einer Bürgerinitiative, wenn sie als eingetragener Verein arbeiten soll, am besten mit Gemeinnützigkeit. Gemeinnützigkeit begünstigt die Finanzierung, da Spenden steuerlich absetzbar sind, übrigens auch die Ausgaben der Mitglieder bei der Vereinsarbeit. Vor der Vereinsgründung steht eine Vorbereitungsphase, in der eine Satzung entworfen wird. Diese muss dann in einer genau reglementierten Gründungsversammlung von mindestens sieben Gründungsmitgliedern beschlossen werden. Das Gründungsprotokoll wird einem Notar gegeben, der die Eintragung in das Registergericht besorgt, eventuell auch die Gemeinnützigkeit beantragt. Ein Vorstand und Personen für weitere in der Satzung vorgeschriebene Ämter (zum Beispiel Kassenwart) sind zu wählen. Über alle diese und weitere Schritte zur Vereinsgründung informiert www.vereinsknowhow.de.

Während der Arbeit der Bürgerinitiative sollte man sich an den Erfahrungen der vielen Bürgerinitiativen orientieren, die es inzwischen in Deutschland gibt. Einen Überblick findet man auf www.nabis.de/hilfe/hilfe.pdf, dort auch Kontaktadressen zum Erfahrungsaustausch.

💣 *Wirkung:* Eine Bürgerinitiative ist die Krönung eines Bürgerprotests. Sie ermöglicht dauerhafte Aktionen, legitimiert sie und verschafft mehr öffentliche Aufmerksamkeit für Aktionen. Eine Bürgerinitiative kann effektiver und legitimer als Verhandlungspartner gegenüber staatlichen Stellen oder Unternehmen auftreten als einzelne Personen. Schließlich lassen sich im Namen einer Bürgerinitiative besser Mittel beschaffen, als das eine Privatperson tun könnte.

☯ *Aufwand:* Die Gründung ist der kleinere Teil des Aufwands. Im Falle einer Bürgerinitiative light ist er überschaubar, auch in zeitlicher Hinsicht. Die eigentliche Arbeit beginnt hier nach der Gründung, und sie kann gerade wegen der losen Organisationsform viel Sitzfleisch und Nerven erfordern. Eine Vereinsgründung ist weit arbeits- und zeitaufwendiger, vor allem die Ausarbeitung der Satzung. Auch fallen Kosten für den Notar (um die 50 Euro) und für die Eintragung ins Registergericht an; die Beantragung der Gemeinnützigkeit ist in der Regel kostenfrei. Vereine müssen eine einfache Buchhaltung der Ein- und Ausgaben vornehmen, die vom Registergericht bisweilen geprüft wird, sowie eine jährliche Vereinsversammlung mit Wahl beziehungsweise Entlastung des Vorstands und anderer in der Satzung vorgesehener Funktionsinhaber.

*Risiken:* Die Gründung eines Vereins selbst ist risikolos, danach kämen auf Sie als gewählten Vorstand eines e. V. aber Risiken zu. Für alle Schritte, die der Verein unternimmt, beispielsweise die Organisation einer Sitzblockade, eine presserechtliche Unterschrift unter einem Flugblatt oder den Kauf von Materialien, kann der Vorstand haftbar gemacht werden, sogar mit seinem privaten Vermögen. Eine Vereinsmitgliedschaft schützt juristisch nur bedingt: Ein Vereinsmitglied, das an einer von dem Verein organisierten Aktion teilnimmt, etwa an einer Sitzblockade, kann für alle seine Handlungen haftbar gemacht werden.

*Spaßfaktor:* In der Gründungsphase herrscht oft freudige Aufbruchsstimmung. Danach kehrt der Arbeitsalltag ein, der, je nachdem wie nett die Vereinsmitglieder sind, mehr oder weniger angenehm sein wird. Die Einhaltung der vielen vorgeschriebenen Formalien einer Vereinsgründung und der späteren Vereinsarbeit wird viele anöden.

# Sonderaktion 1: Teilen Sie auf www.anleitungen-buergerproteste.de Aktionserfahrungen mit und erfinden Sie neue Aktionen!

🎺 *Anlass:* Sie haben eine der im Buch beschriebenen Aktionen durchgeführt – bravo! Nun können Sie bestimmt Verbesserungsvorschläge für die Durchführung machen. Oder Sie wollen nur Ihre Erfahrungen mitteilen und zur Diskussion stellen. Vielleicht ist Ihnen auch eine zündende Idee für eine neue Aktion gekommen. Dann sollten Sie Ihre Ideen auf der eigens dafür eingerichteten Webseite www.anleitungen-buergerproteste.de allen Interessierten mitteilen!

☑ *Aktion:* Einfach auf die Webseite www.anleitungen-buergerproteste.de gehen und das, was Sie mitteilen möchten, unter »Vorschläge für neue Aktionen«, »Erfahrungen mit eigenen Aktionen« oder »Verbesserungsvorschläge für Aktionen« aufschreiben.

💣 *Wirkung:* Ihre Vorschläge werden vom Autor aufgenommen und nach einem redaktionellen Bearbeitungsprozess in die E-Book-Version des Buches eingearbeitet. So wächst und verbessert sich das Buch mit den Erfahrungen der Akteure. Die Printversion des Buches ist gewissermaßen der Aufschlag, danach wird weitergespielt! Die in regelmäßigen Abständen überarbeitete E-Book-Version des Buches kann von jedem heruntergeladen werden.

🕐 *Aufwand:* Zumutbar. Sie krönen damit Ihre Aktion!

☂ *Risiken:* Keine, Sie können anonym eingeben.

☻ *Spaßfaktor:* Gigantisch!

## Sonderaktion 2: Dieses Buch im Freundes- und Bekanntenkreis verschenken!

🔔 *Anlass:* Ein Geburtstag, eine Einladung, Weihnachten – und Sie brauchen ein Geschenk. Oder Sie wollen nach einer heftigen Diskussion jemandem noch einige Argumente hinterherschicken.

☑ *Aktion:* Schreiben Sie eine Widmung dazu, etwa »Anregungen für Deine Pensionierung …« oder »Man-müsste-mal-was-tun-gilt-jetzt-nicht-mehr«.

 *Wirkung:* Vielleicht wird der Beschenkte durch das Buch ebenso angeregt wie Sie!

🌙 *Aufwand:* Gering. Man könnte das Buch sogar online bestellen und schicken lassen – aber nicht bei Amazon, solange dort keine faireren Arbeitsverhältnisse entstanden sind!

☂ *Risiken:* Keine, es sei denn, Sie sind Angestellter einer Großbank und beschenken Ihren Vorgesetzten.

☻ *Spaßfaktor:* Geben ist seliger denn nehmen … ☺

# Anhang

## 1 Kommentierte Informationsquellen und Organisationen des Bürgerprotests

Verantwortungsvolle zivilgesellschaftliche Aktionen beruhen auf Informiertheit. Vor einer Aktion muss geprüft werden, ob es triftige Hinweise auf Missstände und ihre Verursacher gibt und wie sie beseitigt werden könnten. Inzwischen gibt es zahlreiche Organisationen, die die nötigen Informationen auf ihren Webseiten oder in Printform zur Verfügung stellen. Sie zu kennen und ihre Informationsangebote zu nutzen zählen zum Einmaleins aller widerständigen Bürgerinnen und Bürger. Dabei gilt, was bei der Informationssuche im Internet generell zu beachten ist: Das Internet liefert eine Fülle von Informationen, garantiert aber nicht immer aktuelle, umfassende und richtige Information. Wenn Ihnen der Wahrheitsgehalt einer Information suspekt erscheint, ist Recherchieren im Internet unumgänglich. Sie stoßen dann früher oder später auf korrigierende Informationen. Oft ist den Webseiten auch ein Chatroom angegliedert, in dem die Informationen einer Webseite kritisch kommentiert werden. Meist kann man so vermeiden, krassen Fehlinformationen aufzusitzen.

**Wie fair werden Produkte hergestellt?**
- Auf www.test.de/Unternehmensverantwortung-Sozial-und-oekologisch-produzieren-1313426-0/ beurteilt die Stiftung Warentest Produkte verschiedener Firmen, inwieweit sich deren Produktion an Zielen der Unternehmensverantwortung wie Nachhaltigkeit und Fairness gegenüber den Mitarbeitern orientiert (»Corporate Social Responsibilty«/CSR). Die neutrale Stiftung gibt ehrlicherweise zu, dass sie nicht in der Lage ist, die Angaben von Firmen für jedes Produkt zu überprüfen und sich auf generelle Empfehlungen beschränken muss.
- Auf www.saubere-kleidung.de gibt es Informationen über die Herstellungsbedingungen von Kleidung vor allem in ostasiatischen Firmen, die Konzernen wie H&M, C&A und so weiter zuliefern. Die Christliche Initiative Romero www.ci-romero.de/ berichtet über die Arbeitsbedingungen vor allem in lateinamerikanischen Zulieferfirmen.
- Transfair versteht sich als Strategie zur Bekämpfung weltweiter Armut. Die Arbeits- und Lebensbedingungen sollen durch Handel mit »fairen« Waren verbessert werden. Auf www.fairtrade-deutschland.de erfährt man Grundsätzliches wie Aktuelles über die faire Herstellung und den Vertrieb, ferner über Siegel. Transfair macht Lobbyarbeit für nötige Gesetzesänderungen und berichtet darüber.
- www.fair-feels-good.de und www.oeko-fair.de sind Portale, in denen man zahlreiche Informationen darüber findet, wie fair und nachhaltig einzelne Waren produziert und vertrieben werden. Auch Unternehmen und Branchen werden beurteilt. Leider sind die Beurteilungskriterien nicht immer transparent.

**Wie nachhaltig sind die Produktionsbedingungen von Produkten?**
- Über www.wegreen.de kommt man zur ersten »grünen« Suchmaschine für das Internet. Die Nutzerin oder der Nut-

zer geben Produkte oder Unternehmen ein und erhalten mit einem Klick Informationen über deren Nachhaltigkeit, zusammengefasst in einer Ampelbeurteilung, teilweise auch über deren Fairness. Die Beurteilungen beruhen auf einem Algorithmus, der nicht näher überprüfte Informationen von Dritten – auch solche der Herstellerfirmen! – auswertet. Finanziert wird die Arbeit durch Werbung – »hoffentlich grüne«, wie der Geschäftsführer sagte. Inzwischen kann man die Wegreen-Informationen auch abrufen, indem man sein Smartphone mit dem Barcoo-App über den Barcode einer Ware hält (www.barcoo.de). Wegreen vermittelt Informationen über Produkte verschiedenster Branchen, teilweise sind sie aber lückenhaft und erfassen noch zu wenige Produkte.

- Eine gut informierte Adresse ist www.greenpeace.de. Ihre Einkaufsratgeber »Essen ohne Gentechnik«, »Grüne Elektronik«, »Speisefische« oder »Essen ohne Pestizide« nennt einzelne Produkte und Unternehmen beim Namen und rundet die Beurteilungen durch Hintergrundinformationen und umweltpolitische Forderungen ab. Die Beurteilungsverfahren sind nicht immer so transparent wie bei der Stiftung Warentest, man muss dem fachmännischen Urteil der Greenpeace-Experten vertrauen.
- Das test Spezial »Grüner leben. So lohnt sich Öko. Öko, Bio, Fair & Co. in 220 Tests« (Oktober 2011) fasst Tests und Beurteilungen zur nachhaltigen Herstellung von Produkten der letzten Jahre zusammen.
- Umfassende Ratschläge zum nachhaltigen Einkauf in allen Konsumbereichen gibt die Broschüre »Der nachhaltige Warenkorb. Einfach besser einkaufen. Ein Ratgeber«, herausgegeben vom Rat für Nachhaltigkeit. Sie kann umsonst bezogen werden über yvonne.zwick@nachhaltigkeitsrat.de.

- www.utopia.de nennt sich »Webportal für strategischen Konsum und nachhaltigen Lebensstil«, das auch Gesundheitsaspekte berücksichtigt. Die Herkunft seiner zahlreichen Informationen über viele Produkte und Produktgruppen sowie die Methodik der Beurteilung sind nicht sehr transparent.
- Knappe, aber aktuelle umweltbezogene Informationen gibt es immer wieder in den Protestaufrufen von www.avaaz.org (weltweite Probleme) und www.campact.de (eher auf Deutschland bezogen), speziell zu Klimafragen bei www.350.org/de.
- Der Naturschutzbund www.nabu.de, Robinwood und der Bund für Umwelt und Naturschutz Deutschland (BUND) www.bund.net informieren über politische Aspekte des Umweltschutzes und organisieren auch Aktionen.

**Über die Machenschaften von Konzernen**
- Die Schweizer NGO »Erklärung von Bern« (EvB) existiert seit 1968 und beobachtet kritisch multinationale Konzerne hinsichtlich fairer und nachhaltiger Produktionsbedingungen, der Einhaltung von Menschenrechten, Steuerentrichtung und politischer Verwicklungen. Auf seinen Webseiten (www.evb.ch) findet man viele Informationen. Multiwatch ist ebenfalls eine Schweizer Organisation, die sich mehr auf das Treiben Schweizer Konzerne konzentriert und entsprechende Firmendossiers liefert. Man kann sich von diesen NGOs kostenfrei Newsletter und anderes Printmaterial zuschicken lassen.
- *Das neue Schwarzbuch Markenfirmen. Die Machenschaften der Weltkonzerne* von Klaus Werner und Hans Weiss, (2010) enthält Firmendossiers von Konzernen mit konkreten und belegten Verstößen; es wird durch Neuauflagen regelmäßig aktualisiert.

- LobbyControl bringt die vielen Einflussnahmen der Lobbys von Branchen und Konzernen auf die deutsche und europäische Politik ans Licht (www.lobbycontrol.de) und nennt dabei oft auch beeinflusste Politiker mit Namen. Transparency International verfolgt ähnliche Ziele mit internationalem Fokus (www.transparency.de).

**Über das Treiben der Banken und der Finanzmärkte**
- Hier ist als Informationsquelle vor allem Attac zu nennen, ein Netzwerk, das sich der Kritik der neoliberalen Globalisierung verschrieben hat. Unter www.attac.de findet man zahlreiche Dossiers, vor allem im Zusammenhang mit der Bankenwechselkampagne »Krötenwanderung«. In der Broschüre »Krötenwanderung jetzt« präsentiert Attac ein Rating der größten deutschen Banken unter Aspekten wie Steuervermeidung, Rüstungsinvestitionen, Lobbyaktivismus und Spekulation.
- »Urgewald« ist eine Umweltschutzorganisation, die 2010 die internationale Recherche »Wie radioaktiv ist meine Bank?« durchgeführt hat, gefolgt 2012 von »Ist meine Bank ein Klimakiller?« (www.urgewald.org). Beide Recherchen, die auch als Printversion beziehbar sind, bieten Informationen, wie sehr einzelne Banken in die Atomindustrie beziehungsweise in die Kohleindustrie investieren.

**Menschenrechtsverletzungen von Regierungen und Unternehmen**
- Erste Adresse ist die NGO Amnesty International, die weltweite Menschenrechtsverletzungen und politische Verfolgungen anprangert und aktuell dokumentiert (www.amnesty.de).
- Human Rights Watch dokumentiert vor allem Menschenrechtsverletzungen in bestimmten Regionen und Ländern (www.hrw.org/de).

- Weltweite Menschenrechtsverletzungen von Konzernen werden auf www.multiwatch.ch und www.evb.ch angeprangert.

**Aktuelle Protestaufrufe oder Petitionen, die Sie unterschreiben können**
- Campact ist eine deutsche NGO, die inzwischen über 800 000 »Aktive« (alle, die einen Aufruf unterschrieben haben) zählt. Sie stellt Protestaufrufe und -petitionen vor allem gegen Umweltzerstörungen, aber auch zu anderen politischen Problemen ins Netz (www.campact.de). Campact ruft außerdem zu Demonstrationen auf der Straße auf, beispielsweise anlässlich der Grünen Woche in Berlin 2013.
- Avaaz rühmt sich, das größte internetbasierte Netzwerk (weltweit 4,9 Millionen »Mitglieder« im Verteiler) zu sein. Es organisiert weltweite Unterschriftenkampagnen vor allem zu aktuellen Problemen der Menschenrechte, der Demokratie und der Umwelt (Slogan: »Mausklick für eine bessere Welt«). Auf www.avaaz.org findet man – leider manchmal sehr knappe – Informationen über Missstände. Avaaz ist wegen seiner angeblichen Nähe zur US-Regierung in Kritik geraten.
- Ebenso wie 350.org, der sich als weltweite Basisbewegung zur Lösung der Klimakrise versteht und Proteste im Internet und auf der Straße auf den Weg bringt (www.350.org/de). Er ist wegen des kommerziellen Handels mit Aktivistenadressen kritisiert worden.
- Auf www.amnesty.de stehen zahlreiche Protestaufrufe gegen Menschenrechtsverletzungen mit aktuellem Bezug, häufig zugunsten von Personen, deren persönliche Daten samt Bild präsentiert werden.
- Aktuelle Kampagnen, an denen sich jeder in unterschiedlicher Form beteiligen kann (Unterschriften, Events, Spen-

den, Demos und andere) stehen unter www.bewegung.taz.de sowie unter www.greenaction.de. Dort kann man auch seine eigene Kampagne veröffentlichen (vergleiche Aktion 27) und Unterstützer finden, auch mit anderen Organisationen am Ort in Kontakt kommen.

*Rechtliche Informationen*
- Rote Hilfe: Was tun, wenn es brennt? Rechtshilfetipps. Auf Demonstrationen, bei Übergriffen, bei Festnahmen, auf dem Polizeirevier. Kostenlos zu erhalten über www.rote-hilfe.de.
- Autorenkollektiv (Hg.), *Durch die Wüste: Ein Antirepressions-Handbuch für die politische Praxis*, Unrast: Münster 2000. Schildert praxisnah, was Aktivisten rechtlich alles beachten müssen.
- Kostenlose Rechtsberatung für einkommensschwache Bürgerinnen und Bürger geben die Rechtsauskunftsstellen der örtlichen Amtsgerichte bei zivilrechtlichen und strafrechtlichen Angelegenheiten (Musterbrief 3 im Anhang). Auch einzelne thematisch betroffene Ministerien (zum Beispiel Arbeits- und Sozialministerium, Wirtschaftsministerium) können in Rechtsangelegenheiten um Auskunft gebeten werden. Ebenso die Datenschutzbeauftragten der Länder und Kommunen, kommunale Mietervereinigungen und Verbraucherschutzverbände, meistens aber mit großen Wartefristen.

## 2 Kommentierte Literatur

Das Buch verzichtet zugunsten der Lesbarkeit auf Quellenbelege. Es verdankt Ideen und Anregungen den folgenden Publikationen:

Amann, Marc (Hg.), *go.stop.act! Die Kunst des kreativen Straßenprotests. Geschichten – Aktionen – Ideen*, Trotzdem Verlag: Grafenau/Frankfurt am Main 2011. Sehr praktisch ausgerichtete Aktionsbeschreibungen, die sich aber eher an künstlerisch sehr kompetente Leserinnen und Leser richten.

Balluch, Martin, *Widerstand in der Demokratie. Ziviler Ungehorsam und konfrontative Kampagnen*, Promedia 2011. Für die österreichischen Rahmenbedingungen geltende Überlegungen, auch zur demokratietheoretischen Legitimation. Starke Betonung des Tierschutzes.

Benz, Sandra, Vera Walter, *Protest. Handbuch für erfolgreiche Demonstrationen, Attacken und Aktionen*, Benzwalter GbR 2010. Detaillierte, eher für ein links-engagiertes Publikum geschriebene Aktionen; betont wie in Marc Amanns Buch stark die kreativ-künstlerischen Aspekte.

Blissett, Luther, Sonja Brünzels, *Handbuch der Kommunikationsguerilla*, Assoziation A: 5. Auflage 2012. Beschreibt Methoden und Aktionen der kommunikativen Subversion samt Theorien, leider etwas unübersichtlich.

Brodde, Kirsten, *Protest! Wie ich die Welt verändern und dabei auch noch Spaß haben kann*. Ludwig: München 2010. Anekdotisch gehaltene Beschreibung alltäglicher Protestaktionen.

Crouch, Colin, *Das befremdliche Überleben des Neoliberalismus,* Edition Suhrkamp, Berlin 2011. In Kapitel 7 (Zivilgesellschaft und Moral) Überlegungen über die Rolle der Zivilgesellschaft als Gegengewicht gegen politisch und wirtschaftlich Mächtige.

*Direct Action Reader*, ohne Ort und Zeit, herausgegeben von www.direct-action.de.vu. Schildert unter Aspekten der praktischen Durchführung Alltagsaktionen, die sich als Widerstand gegen Herrschaftsverhältnisse verstehen. Die Grenzen zu kriminellen Aktionen wie Sabotage des Verkehrs oder öffentlicher Einrichtungen werden dabei überschritten.

George, Susan, *Change it! Anleitung zum politischen Ungehorsam*, Droemer: München 2004. Die amerikanische Bürgerrechtlerin war eine der ersten, die den Widerstand gegen die neoliberale Globalisierung theoretisch und praktisch beschrieben hat.

Hartmann, Kathrin, *Das Ende der Märchenstunde. Wie die Industrie die Lohas und Lifestyle-Ökos vereinnahmt*, Blessing: München 2009.

Hessel, Stéphane, *Empört Euch!* Ullstein: Berlin 2011. Bekanntgewordener flammender Aufruf zum Protest gegen Missstände in westlichen Gesellschaften.

Langer, Claudia, *Generation Man-müsste-einmal. Eine Streitschrift*. Droemer: München 2012.

Kessler, Florian, *Mut Bürger – die Kunst des neuen Demonstrierens*, Hanser: München 2013. Erfahrungen eines passionierten bundesweiten Aktivisten, fokussiert auf Demonstrationen, mit vielen aktuellen Bezügen. An ein breites Publikum gerichtet, mutet ihm aber teilweise sehr viel zu, zum Beispiel das »Durchfließen« von Polizeiketten oder das Absolvieren von Aktionstrainings für Demonstrationen.

Kessler, Wolfgang, Antje Schneeweiß (Hg.), *Geld und Gewissen. Was wir gegen den Crash tun können*. Publik-Forum:

Oberursel 2010. Beschreibt und diskutiert ethische Geldanlagen als Beitrag zu einer gerechteren Finanzwelt. Viele Informationsquellen!

Kocka, Jürgen, Civil society in historical perspective, in: *European review* 12, 2004

Mies, Maria, *Globalisierung von unten. Der Kampf gegen die Herrschaft der Konzerne*, Rotbuch: Hamburg 2001. Beschreibt weltweite Kampagnen gegen die Globalisierung.

Neudeck, Rupert, *Mutbürger. Gelebter Widerstand. Zwölf Beispiele*. Publik-Forum: Oberursel 2011. Christlich orientierte Überlegungen zum Widerstand in der aktuellen politischen Situation.

Poddig, Hannah, *Radikal mutig. Meine Anleitung zum Anderssein*, Rotbuch: Berlin 2009. Beschreibt tägliche Protestaktionen an Hand von Erzählungen aus dem Leben einer »Vollzeitaktivistin«. Motiviert den Leser zur Nachahmung, mehr kritische Reflexion des eigenen Tuns wäre wünschenswert.

Prantl, Heribert, *Wir sind viele. Eine Anklage gegen den Finanzkapitalismus. Süddeutsche Zeitung*: Edition Streitschrift: München 2011. Eines der gescheitesten, leider zu wenig beachteten Plädoyers für einen »Zorn gegen die Finanzmärkte« im deutschen Sprachraum, das auch bibelgestützt argumentiert.

Schirrmacher, Frank, *Ego. Das Spiel des Lebens*, Blessing: München 2013. Das Buch des Mitherausgebers der *Frankfurter Allgemeinen Zeitung* hat Aufsehen erregt, weil es ein Beispiel für eine radikale Kapitalismuskritik aus konservativer Sicht ist. Schirrmacher beschreibt, wie das Modell des Homo oeconomicus inzwischen das Denken und Handeln bestimmt und zu den Krisen des Kapitalismus führt.

Schönberger, Klaus, Ove Sutter (Hg.), *Kommt herunter, reiht Euch ein ... Eine kleine Geschichte der Protestformen sozialer Bewegungen*, Assoziation A: Berlin, Hamburg 2009. Überwiegend historische Informationen mit vielen Literaturangaben

Unsichtbares Komitee, *Der kommende Aufstand*. Nautilus Flugschrift: 2010. Sieht in brennenden Vorstädten Frankreichs Symptome eines Zusammenbruchs westlicher Demokratien und propagiert einen unsichtbaren Widerstand in Kommunen und lokalen Ökonomien.

Walter, Franz, u. a. (Hg.), *Die neue Macht der Bürger. Was motiviert die Protestbewegungen?* Rowohlt: Reinbek 2013. Die Studie beruht auf qualitativen Interviews und Gruppendiskussionen mit 200 Vertretern von Protestgruppen wie Stuttgart 21, Occupy, Schulreformgegnern, Antiatomaktivisten. Die Auswahl der Organisationen lässt die Repräsentativität der Ergebnisse als zweifelhaft erscheinen. Eine Kurzfassung der Studie kann unter www.demokratie-goet tingen.de/aktuelles/studie-burgerpro. gelesen werden.

Welzer, Harald, *Selbst denken. Eine Anleitung zum Widerstand*, Fischer: Frankfurt am Main 2013. Der Autor entwirft Perspektiven des zivilgesellschaftlichen Widerstands aus einer Kritik der Zerstörung von Umwelt und Sozialität (»Extraktivismus«) und präsentiert exemplarische Geschichten für das nötige »Selbstdenken«.

Werkstatt für Gewaltfreie Aktion (Hg.), *Boykott. Die große Macht der kleinen Leute*. Arbeits- und Aktionshefte 4, Heidelberg 1993. Behandelt das Thema Kaufboykotte unter historischen, politischen und praktischen Aspekten.

Werner, Klaus, Hans Weiss, *Das neue Schwarzbuch Markenfirmen. Die Machenschaften der Weltkonzerne*, Ullstein: aktualisierte und erweiterte Auflage Wien 2010; Firmenportraits von Konzernen mit konkreten und belegten Verstößen, wird regelmäßig in Neuauflagen aktualisiert.

www.bleib-passiv.de. Die Berliner Organisation bleib-passiv hat 18 Aktionsideen für verschiedenste Anlässe beschrieben, die sich zum Teil mit denen dieses Buches decken. Das Lexikon soll weiter wachsen, blieb seit 2011 aber ohne erkennbare Fortschritte.

## 3 Musterbriefe

**Musterbrief 1: Antrag auf Akteneinsicht bei Bundes- oder Länderbehörden**

Betreff: Antrag auf Akteneinsicht

Sehr geehrte Damen und Herren,

hiermit beantrage ich Einsicht in meine bei Ihnen vorhandenen Akten/in die Akte beziehungsweise Unterlage … nach den Informationsfreiheitsgesetzen.
  Sollten Gründe für Einschränkungen der Auskunft vorliegen, zum Beispiel im Zusammenhang mit dem Schutz von Betriebs- und Geschäftsgeheimnissen, so bitte ich um Übersendung oder Möglichkeit der Einsichtnahme der Aktenteile, die davon nicht betroffen sind. Bitte geben Sie mir auch die Gründe für die Ablehnung der Einsicht in einzelne Teile der Akte an.
  Bitte teilen Sie mir auch mit, welche Gebühren und Auslagen für die Auskunft für mich anfallen.

Mit freundlichen Grüßen

**Musterbrief 2: Untätigkeitsbeschwerde gegen Behörden**

An ... (Behörde)

Betreff: Untätigkeitsbeschwerde

Zum bezeichneten Verfahren wird die Untätigkeit der Behörde ..., vertreten durch den zuständigen Sachbearbeiter ..., moniert und Abhilfe durch umgehende Entscheidung beantragt.
Begründung: In dem Verfahren, das mit Antrag vom ... eingeleitet wurde, ist bislang nicht entschieden worden. Die erste und bisher einzige Behördentätigkeit war am ...
Ich bitte, mir Nachricht zu geben über den Eingang meiner Beschwerde nebst Zugangsdatum.
Ferner bitte ich, mir bis ... eine Entscheidung in der Sache zu übermitteln, notfalls einen Zwischenbescheid, aber auch den bis zu der genannten Frist.
Schon jetzt kündige ich rechtliche Schritte an, falls die benannte Frist fruchtlos verstreicht.
Wahlweise werde ich die zuständige Fach- und Dienstaufsichtsbehörde von dem Vorgang in Kenntnis setzen und/oder den Petitionsausschuss auf Bundes- oder Landesebene anrufen.

Mit freundlichen Grüßen

**Musterbrief 3: Antrag auf kostenlose Rechtsberatung bei einem Amtsgericht**

Die Möglichkeit, bei Amtsgerichten kostenlose Rechtsberatung zu bekommen, ist von Bundesland zu Bundesland unterschiedlich ausgestaltet. In Bayern gewähren Amtsgerichte beispielsweise keine Rechtsberatung, geben aber Gutscheine für die Beratung durch Rechtsanwälte aus. Rechtsberatung kann im Prinzip von jeder thematisch zuständigen Behörde verlangt werden.

An das
Amtsgericht ...

Betreff: Antrag auf Rechtsberatung

Aufgrund einer dringlichen Notlage bin ich gegenwärtig nicht in der Lage, eine Rechtsberatung zu bezahlen.
    Ich beantrage deswegen Rechtsberatung durch das Amtsgericht zum Thema ...
    Ich bitte höflich, mir schnellstmöglich einen Ansprechpartner zu benennen. Mit dem werde ich mich umgehend in Verbindung setzen.
    Sollte Rechtsberatung durch das Gericht nicht gewährt werden, beantrage ich vorsorglich einen Beratungsschein für anwaltliche Hilfe. Die hierfür notwendigen Unterlagen sowie den vorgeschriebenen Antrag habe ich gezeichnet, ausgefüllt und beigefügt. Dankbar wäre ich, wenn mir unverbindlich und ohne Rechtspflicht eine Kanzlei benannt würde, die die Beratung übernimmt.

Mit freundlichen Grüßen

**Musterbrief 4: Briefe im Zusammenhang mit der Einklagung eines Kita-Platzes beziehungsweise der Mehrkosten für alternative Betreuung**

Zunächst muss mindestens drei Monate vor der Klage ein Antrag auf Zuweisung eines Kita-Platzes gestellt worden sein (in Städten beim Jugendamt, in kleinen Gemeinden beim Gemeindeamt).

An ... (Behörde)

Ich beantrage für mein Kind ... (Name/Vorname/Geburtsdatum/Wohnort) ab ... einen Kita-Platz in zumutbarer Nähe, nämlich ... maximal ... Kilometer um den Wohnort in ... herum.
    Bitte geben Sie mir bis spätestens ... Bescheid, im Falle einer Ablehnung bitte ich um eine Rechtsmittelbelehrung.
    Ich bin sorgeberechtigt für das benannte Kind, eine Kopie ist beigefügt.

Mit freundlichen Grüßen
Antragsteller

Anlage:
Nachweis des Sorgerechts
gegebenenfalls Vollmacht des anderen Elternteils

Wenn dann ein ablehnender Bescheid oder ein Bescheid mit ungeeignetem Kita-Platz eingetroffen ist, muss in einigen Bundesländern zunächst Widerspruch eingelegt werden. Entscheidet man sich zum Widerspruch a (kein Platz), dann könnte man als Begründung auf einen Zeugen (zum Beispiel eine andere Mutter) verweisen, von dem man einen Hinweis auf einen vorhandenen Platz bekommen hat. Entscheidet man sich für den Widerspruchsgrund b (ungeeigneter Platz), muss man die Gründe formulieren (zum Beispiel »... weil ich gehbehindert bin und ein so weiter Weg mir nicht zumutbar ist«). Auch sind die konkreten Begleitumstände des Falles zu formulieren:

An Widerspruchsbehörde ...

Gegen den Bescheid der ... Behörde vom ... lege ich Widerspruch ein. Ich begründe ihn damit, dass (wahlweise a oder b)
a) nach meiner Kenntnis freie Plätze vorhanden sind, die dem von mir beantragten entsprechen. Dies kann ... (Zeuge) bestätigen. Die Ablehnung ist deswegen rechtswidrig.
b) der zugewiesene Platz im Bescheid vom ... nicht meinem Antrag entspricht, da ... Die Zuweisung ist deswegen für mich unzumutbar, jedenfalls rechtswidrig.
Ich bitte über diesen Widerspruch bis in vier Wochen zu entscheiden, anschließend werde ich klagen.
Im Fall der Zurückweisung des Widerspruches bitte ich um eine Rechtsmittelbelehrung.

Mit freundlichen Grüßen
Antragsteller und Widerspruchsführer


Wenn Ihr Widerspruch zurückgewiesen wird, ist der Weg für die Klage frei. Die hier präsentierte Musterklage mutet etwas umständlich an, weil sie je nach den eigenen Klagezielen (Platz oder Kostenersatz) eine andere Gliederung bekommt und weil sie berücksichtigen muss, dass ihr je nach Land ein

Ablehnungsbescheid oder ein Widerspruchsbescheid vorangegangen war. Einheitliche bundesweite Klageformalitäten gibt es nicht. In der folgenden Musterklageschrift lassen Sie Antrag 2 weg, wenn Sie Ihre Kosten für die alternative Betreuung noch nicht beziffern können. Vor allem in der Begründung zu Antrag 2 müssen Sie bestimmte Begleitumstände Ihres Falles detailliert ergänzen, zum Beispiel »weil das Kind in einer privaten Kita … untergebracht wurde«, »weil seit … eine Tagesmutter in Anspruch genommen wurde«, »weil ich mich zur Betreuung beruflich einschränken musste …".

Mit der Klage ist die Sache juristisch in Gang gebracht. Es folgt eine mündliche Verhandlung, in der über Ihre Klage entschieden wird.


An das Verwaltungsgericht in …

Klage des Kindes … (= Klagepartei 1) und des Antragstellers … (= Klagepartei 2)
gegen … (Körperschaft) … (= Beklagte)
wegen Kita

Sehr geehrte Damen und Herren,

ich bitte um alsbaldige Terminierung und kündige folgende Anträge an:

1. Der Ablehnungsbescheid der Behörde (wenn Widerspruch eingelegt wurde: der Widerspruchsbescheid der Widerspruchsbehörde …) vom … wird aufgehoben und
1 a die beklagte Partei verpflichtet, der Klagepartei für das Kind … ab … einen Kita-Platz … zuzusagen; hilfsweise

2. die beklagte Partei verpflichtet, der Klagepartei 2 ab … monatlich … Euro zu bezahlen. Allerhilfsweise
3. festzustellen, dass die beklagte Partei verpflichtet ist, den klagenden Parteien alle Kosten zu ersetzen, die dadurch entstehen, dass der beantragte Kita-Platz nicht verfügbar gemacht worden ist.
4. Schon jetzt bitte ich um richterlichen Hinweis bezüglich der Antragstellung sowie weiterer Punkte, die aus Sicht des Gerichts der Klarstellung bedürfen.

Begründung:
Antrag 1 rechtfertigt sich, weil es noch freie Plätze gibt, die meinem Antrag entsprechen. Beweis: Zeugnis … (Name/Wohnort des Zeugen)

Antrag 2 rechtfertigt sich, falls das Gericht Antrag 1 für unbegründet hält. Dann hat die Klagepartei Anspruch auf die begehrte Summe, weil … Da die Kosten schon jetzt hinreichend sicher feststehen, sind die Forderungen prozessual genügend bestimmt, so dass es auf die Zahlung oder Fälligkeit nicht ankommt.

Antrag 3 rechtfertigt sich, falls Antrag 1 und 2 für unbegründet erachtet werden; in diesem Fall ist auszusprechen, dass den Klageparteien dem Grunde nach die Kosten der alternativen Betreuung zu erstatten sind, so dass sie gegen Vorlage der Belege die Forderungen direkt bei der Ausgangsbehörde geltend machen können.

(Unterschrift)
Klagepartei 2, auch für Klagepartei 1

**Musterbrief 5: Pressemitteilung für eine eigene Aktion**
Pressemitteilungen sollten nach dem Prinzip »Wer? Wann? Wo? Was? Warum?« aufgebaut sein und eine Seite nicht überschreiten. Das Wichtigste kommt zuerst, weniger Wichtiges am Schluss. Die politischen Ziele der Aktion sollten erläutert werden, ein auffälliger Titel Interesse wecken. Weitere Infos anbieten und für eventuelle Nachfragen eine Kontaktperson samt Verbindungen nennen.

Pressemitteilung von Attac München vom 18. 8. 2011

Kriminal-Banko-Tango auf dem Marienplatz

Attac München veranstaltet im Rahmen der bundesweiten Bankenwechselkampagne von Attac am 29. 8. 11 um 12:30 Uhr auf dem Marienplatz eine Aktion gegen die Deutsche Bank: Als »Bankster« verkleidete Attac-Mitglieder tanzen vor der Deutschen Bank den »Kriminal-Banko-Tango« und fordern Kunden und Passanten auf, ihre »Kröten wandern zu lassen«. Sie sollen ihr Konto bei verantwortungslosen Banken wie der Deutschen Bank kündigen und zu Banken verlagern, die verantwortungsvoller wirtschaften.

Attac München: »Mit unserer Aktion auf dem Marienplatz möchten wir öffentlichen Druck erzeugen, damit die Politik das Bankensystem endlich wirkungsvoll reguliert. Die aktuellen Ereignisse auf den Finanzmärkten zeigen, wie nötig das ist. Attac hat zur Regulierung konkrete Vorschläge gemacht. Unter anderem muss die Politik endlich eine alte Forderung von Attac durchsetzen: die Einführung einer Finanztransaktionssteuer.«

In einer soeben veröffentlichten Broschüre »Krötenwanderung« hat Attac ein eigenes Banken-Rating vorgelegt. Dort kann man nachlesen, wie verschiedene Banken unter ethischen Aspekten wirtschaften, und so die Bank finden, der man sein Geld mit besserem Gewissen anvertrauen kann.

Besonders negativ schneidet in diesem Rating die Deutsche Bank ab: Sie handelt nach wie vor mit gefährlichen Papieren und bereitet damit die nächste Krise vor; sie spekuliert mit Nahrungsmitteln und fördert damit Hungerkrisen; sie investiert in Rüstung und Atomkraft. Wie keine zweite deutsche Bank ist sie in Schattenfinanzplätzen aktiv, um Steuern in Milliardenhöhe am Fiskus vorbeizuschleusen.

Weitere Informationen unter
www.attac.de/bankwechsel.
Harro Honolka,
Attac München,
xxxx@gmx.de
Tel. 0893544xxx